ELOGIOS PARA *Convierta a su pareja en su alma gemela*

«Arielle Ford es una sacerdotisa del amor, que trae la sabiduría de lo alto y la deposita en la tierra donde pertenece. Ella ha vivido el drama del amor, aprendido del drama del amor, y tuvo éxito en el drama del amor. Tiene mucha información que comunicar, y en este libro lo hace con sabiduría y compasión».

—Marianne Williamson, autora de *A Return to Love*, un éxito de venta según el *New York Times*, y de *A Year of Miracles*

«Arielle Ford nos ayuda a ir más allá de las expectativas poco realistas y los mitos sobre el amor, el romance y la felicidad eterna. En su lugar, ofrece formas simples e inmediatas de inspirarles nueva vida a las viejas relaciones y construir puentes entre las formas muy diferentes en que las mujeres y los hombres piensan y consideran las relaciones».

—John Gray, autor de *Los hombres son de Marte, las mujeres son de Venus*, un éxito de venta según el *New York Times*.

«*Convierta a su pareja en su alma gemela* es una lectura obligatoria para todas las parejas. Este libro constituye una guía profunda hacia el amor verdadero, la conexión profunda y la sociedad del alma. Arielle ofrece con brillantez una manera de liberarnos de todo aquello que impide el amor que anhelamos de nuestra alma gemela. Estoy agradecida por los dones que he recibido de este libro».

—Gabrielle Bernstein, autora de *Miracles Now*, un éxito de venta según el *New York Times*

«Arielle Ford le guía a través de un portal vívido hacia las mejores prácticas en las relaciones sin que importe en qué punto del camino se encuentra su relación. La lectura de *Convierta a su pareja en su alma gemela* equivale a tener una hermana superinteligente que te apoya y te dice la verdad de lo que realmente funciona. Cualquiera que desee profundizar en sus relaciones, puede beneficiarse de la sabiduría de este libro».

—Kathlyn y Gay Hendricks, autores del exitoso libro
*Conscious Loving Ever Alter*

«Arielle Ford ayuda a los lectores a encontrar su propio final feliz borrando los mitos que se difunden a través de los medios de comunicación sobre el amor, el romance y la felicidad eterna. Su enfoque práctico en cuanto al amor imperecedero inspira a los lectores a crear el tipo de relación con su pareja que siempre han querido y profundamente anhelan tener».

—Katherine Woodward Tomas, autora de *Conscious Uncoupling: 5 Steps to Living Happily Even After*

«Creo realmente que resulta importante aprender de alguien que ha estado allí y pasado por eso. Arielle Ford es un ejemplo perfecto de cómo hacer que un matrimonio no solo funcione, sino también prospere. Ella le ayuda a cambiar su perspectiva para que pueda volver a crear y mantener el amor que una vez los unió. Brillante, practico, transformador. ¡Gracias Arielle!».

—Christy Whitman, autora de The *Art of Having it All*,
un éxito de venta según el *New York Times*

«Arielle Ford en este maravilloso y muy descriptivo libro revela los secretos para crear un amor legendario. Ella les ofrece de manera sorprendente soluciones simples a las parejas que buscan reavivar el amor y la pasión».

—Marci Shimoff, autora de *Happy for No Reason*

«Una cosa es enamorarse y otra es permanecer enamorado, sobrevivir a las tormentas y desarrollar un matrimonio que dure toda la vida. Puedo *honestamente* decir que *Convierta a su pareja en su alma gemela* resulta en verdad excepcional: una combinación realmente maravillosa de gran sabiduría, herramientas útiles, soluciones prácticas y perspectivas sinceras que pueden ayudarle a cambiar su relación de ordinaria a extraordinaria. El libro de Arielle Ford es una herramienta única para crear la relación apasionada, progresiva y enriquecedora del alma que su corazón anhela».

—Dr. Sherri Meyers, terapeuta de matrimonio y
familia, autora de *Chatting or Cheating*

«Este libro le mostrará cómo transformar su relación para disfrutar de más momentos de profunda comprensión, romance y conexión... momentos de apertura del corazón que despertarán esa sensación de total cosquilleo».

—Sarah McLean, autora del exitoso libro *Soul-
Centered: Transform Your Life in 8 Weeks with Meditation*

«La sabiduría brillante y absolutamente profunda de Arielle en cuanto al amor nos enseña, inspira y demuestra que sin que importen las circunstancias, el amor más maravilloso es alcanzable, justo ahora».

—Kailen Rosenberg, famosa arquitecta del amor y
autora de *Real Love, Right Now*

«¡Estoy enamorada de este libro! Un tesoro sobre la relación que me hizo reír en voz alta una y otra vez. "¡Haz una pausa en la TV de nuevo!", me mantenía diciéndole a mi prometido para leerle otra página. ¡Usted sabe que se trata de un buen libro cuando su compañero se muestra entretenido, incluso cautivado, mientras escucha su lectura en vez de ver su amado fútbol!».

—Linda Sivertsen, autora de *Lives Charmed* y creadora del *Boyfriend Log iPhone app*

«*Convierta a su pareja en su alma gemela* debe estar en la lista de lectura obligatoria de toda mujer, independientemente del estado de su relación. ¡Este libro lo tiene todo! Revelaciones fascinantes, historias reales inspiradoras, una sabiduría sorprendente, así como una investigación contemporánea sobre las relaciones que *cualquiera* puede usar y aplicar para cambiar su relación de aceptable a muy buena, de muy buena a grandiosa, y de grandiosa a gloriosa. En realidad no hay un problema que sus páginas no puedan mejorar dramáticamente o una pareja a la que no puedan ayudar a reconectarse, sin que importe cuán aburridos/resentidos/molestos puedan sentirse ni el tiempo que llevan así. Las décadas de Arielle como "soltera" y luego su extenso e increíblemente feliz matrimonio (con sus propios desafíos que ella revela aquí), así como la genialidad de sus amigos expertos, inundan cada página de esta encantadora lectura. Este libro es tan bueno que estoy encantada con él (¡y a la vez feliz por Arielle y el mundo al que le escribió, por supuesto!). Compre o consiga veinte copias para todas las mujeres importantes en su vida, espere, y sorpréndase con lo que puede suceder».

—Carol Allen, astróloga Veda y consejera en relaciones

«En el libro *Convierta a su pareja en su alma gemela*, Arielle Ford nos guía magistralmente a reavivar la relación con nuestra alma gemela para que pueda brillar a través de cada primavera e invierno de nuestro viaje juntos. Este libro hará que su corazón palpite otra vez."

—Allison Maslan, empresaria y autora de *Blast Off!*

«Arielle Ford ha inspirado a legiones de personas a encontrar sus verdaderas almas gemelas. En su nuevo libro, ella comparte su experiencia y sabiduría para ayudar a las parejas a llenar sus relaciones con más amor y comprensión de lo que se requiere para crear una unidad verdadera».

—Rev. Laurie Sue Brockway, oficiante de bodas y
autora de *Your Perfect Wedding Vows*

«Las nociones románticas no realistas acerca del amor han causado estragos en nuestras relaciones. Acabar con el mito del amor romántico accidental es nuestra misión personal. Arielle Ford ha escrito un libro que les ofrece a las parejas las herramientas para establecer relaciones duraderas y amorosas en lugar de convertirse en otra estadística negativa sobre el fracaso del matrimonio. Aunque los hombres y las mujeres difieren con frecuencia, el amor los conecta. En *Convierta a su pareja en su alma gemela*, Arielle ofrece ejemplos claros y pasos para que usted pueda fortalecer ese puente y crear una conexión profunda con su pareja. Este es el objetivo de una relación íntima para su alma: su alma desea intimidad y este libro le muestra cómo».

—Orna y Mattew Walters, mentores de almas gemelas

«¡Simplemente *amo, amo, amo* el nuevo libro de Arielle Ford, *Convierta a su pareja en su alma gemela*! Las relaciones sanas y felices son un componente integral de la paz interior. Sin embargo, cada uno lucha por alcanzar el ideal difícil de lograr. Arielle mantiene el tema como algo real en este refrescante, honesto e inspirador libro, ofreciendo la más completa y magistral dirección para verdaderamente transformar los matrimonios y animarnos a relajarnos hasta alcanzar el amor verdadero, y con él hallar la verdadera paz interior».

—Mary Allen, autora de *The Power of Inner Choice*

«¡Arielle lo hizo otra vez! Esta vez con una serie de herramientas maravillosas para las parejas maduras y cualquiera o todos los interesados en mantener la magia o devolvérsela a su relación. Planeo mantener el libro a mano para compartir sus ideas con mi amado, especialmente la comunicación solícita».

—Kim Weiss, autora de *Sunrise, Sunset: 52 Weeks of Awe and Gratitude*

«Arielle Ford reúne una impresionante colección de estrategias y consejos no solo para convertir a su pareja en su alma gemela, sino también a fin de encontrar una mayor intimidad para un amor duradero».

—Cherry Norris, mentor de citas con parejas, actor y productor de películas

«Este es el libro que toda mujer casada debe leer muchas veces antes y durante su matrimonio. De hecho, debe quedarse sobre su mesita de noche».

—Christina Rasmussen, autora de *Second First: Live, Laugh, and Love Again*

«Arielle Ford resume con humor y pasión verdades espirituales eternas en servicio de nuestro mayor propósito en la tierra: amar y ser amado. Ella nos ofrece un panorama generoso y compasivo a través del cual podemos reconocer el propósito de nuestra alma en el amor y encontrar el mayor gozo en nuestras relaciones. ¡Soy una gran admiradora!».

—Laura Berman, LCSW, Ph.D., experta en amor y relaciones y autora de *Quantum Love*

# Convierta a su pareja en su alma gemela

TAMBIÉN POR ARIELLE FORD

*El secreto del amor*
*(Amor) Wabi Sabi*
*Love on the Other Side*
*Hot Chocolate for the Mystical Soul (serie)*

Arielle Ford

# Convierta a su pareja en su alma gemela

HarperCollins *Español*

© 2017 por HarperCollins
Publicado por HarperCollins Español® en Nashville, Tennessee,
Estados Unidos de América.
HarperCollins Español es una marca registrada de
HarperCollins Christian Publishing, Inc.

Título en inglés: *Turn Your Mate into Your Soulmate*
© 2015 por Arielle Ford
Publicado por HarperElixir, un sello de HarperCollins Publishers.

Editora-en-Jefe: *Graciela Lelli*
Traducción: *Abigail Bogarín*
Adaptación al diseño al español: *Grupo Nivel Uno, Inc.*

ISBN: 978-0-71808-725-8

Impreso en Estados Unidos de América
17 18 19 20 21 DCI 6 5 4 3 2 1

*Para Claire Zammit*

¡Gracias por compartir tu mundo cada vez mayor de posibilidad, magia y diversión! Tengo la gran bendición de gozar de tu inmenso amor, amistad, creatividad, genialidad y apoyo.

# Contenido

Exploramos profundamente la naturaleza del alma, cómo la reencarnación se relaciona con el amor, los contratos sagrados, el karma o la fuerza espiritual, y el impacto de lo que ocurre entre las vidas al escoger su familia.

Las investigaciones han probado que cada pareja tiene diferencias irreconciliables. Este capítulo reconoce las formas de aceptación mutua que tienen éxito, a pesar de la noción errónea de que debemos encontrar una manera de estar de acuerdo en todo. Aprenderá a crear un conjunto de herramientas que lo ayudarán a procesar sus emociones.

Este capítulo revela la esencia de apreciar la belleza en la imperfección de su relación, o lo que denomino amor *Wabi Sabi*.

Usted, su pareja y Dios/Espíritu/Universo conforman la triada mágica del amor. ¿Nos amaremos a nosotros mismos y nuestra pareja incondicionalmente, y qué significa esto en realidad? Este capítulo muestra pasos eficaces para buscar y encontrar el amor incondicional que sustentará sus relaciones de maneras nuevas y sorprendentes.

Se ha dicho que estar enamorado es una forma socialmente aceptable de locura. Este capítulo presenta la investigación científica sobre la relación entre el amor, la química del cerebro, y cómo volver a experimentar el amor y la conexión.

En la matemática básica, uno más uno equivale a dos. En la matemática de pareja, uno más uno equivale a once, y su amor bendice al mundo. Además, este capítulo explica el «efecto matrimonial» y por qué al convertir a su pareja en su alma gemela no solamente mejorará su salud personal y aumentará su longevidad y felicidad, sino también impactará al mundo.

# Introducción

Felices. Para. Siempre.

Creo que estas son tres palabras muy peligrosas para las mujeres enamoradas. Ellas implican el final exacto de un cuento de hadas de un reino que estamos condicionados a creer que existe. El amor verdadero no puede estar más lejos de la realidad de esos castillos en el cielo.

Incluso las mujeres más inteligentes caen en un trance amoroso, pensando que ahora han encontrado en su alma gemela el amor de su vida, esa poción perfecta que sana todo lo que podría haber ido mal en sus vidas hasta entonces. Durante ese momento de «hasta el fin», las mujeres mantienen la creencia de que los hombres sabrán de manera natural cómo lograr que se sientan felices, satisfechas y contentas. Una relación de amor con nuestra alma gemela es el antídoto perfecto para todo lo que nos afecta. O eso pensamos. Todos hemos escuchado que las relaciones demandan trabajo, compromiso y noches de insomnio ocasionales para tener un equilibrio. Sin embargo, muchos creemos que el verdadero «amor del alma gemela» de alguna manera será diferente, sin esfuerzo, merecido. Confiamos completamente en que nuestro «amor del alma», raro, precioso e inimaginable puede conquistarlo todo.

Y entonces llega la realidad. A veces tarda un año, diez o veinte, pero en algún momento nos sentimos inquietos, o incluso peor: enojados, frustrados, decepcionados y dispuestos a renunciar. Empezamos a preguntarnos si es el momento de presentarnos ante la corte de divorcio. Nuestra realidad diaria no coincide con nuestro sueño de lo que debe reflejar el amor con el alma gemela. De repente, percibimos que nuestro príncipe encantador, nuestro caballero espléndido, se ha convertido en una barrera oxidada y testaruda hacia la felicidad y plenitud.

Aunque tenga la bendición de estar con alguien que es física, emocional y espiritualmente compatible con usted, resulta probable que haya días en que su pareja le molesta y usted desea que las cosas sean diferentes.

No era probable que yo escribiera un libro como este. Me casé por primera vez a la edad de cuarenta y cuatro años, el último pimpollo en florecer en el departamento del amor. Esto es lo que ocurrió. Una mañana me desperté muy temprano. Antes de abrir mis ojos estiré mi brazo derecho sobre la sábana de color azul pálido de mi cama tamaño extra, buscando el suave pelaje de mi gato, mi alma gemela, J.B. Cuando noté que no estaba en su lugar habitual y mientras lo buscaba con la mano, me di cuenta del espacio vacío disponible en la cama. De repente se me ocurrieron dos pensamientos simultáneos y oscuros: «¿por qué está mi cama tan vacía?» y «¡oh Dios, me olvidé de casarme!».

Mientras yacía tendida allí, comencé a meditar en mi vida, intentando comprender la realidad de que ya tenía cuarenta y tres años de edad y todavía seguía soltera. Esto no tenía sentido para mí. Sabía que era algo atractiva, saludable, tenía éxito, resultaba divertida y llevaba una buena vida. Sin embargo, continuaba soltera.

La verdad del asunto era una. Había dedicado la mayor parte de mi tiempo y energía a la construcción de mi negocio. Era muy ambiciosa y una vez que el negocio comenzó a tener éxito, mientras más tenía, más quería. Había estudiado y dominado una variedad de técnicas para «visionar», utilizándolas a fin de crear una carrera que fue superando todas mis expectativas.

Una de mis grandes victorias manifiestas tuvo lugar durante los primeros momentos de la creación de mi primer negocio, *El Grupo Ford*, una firma de relaciones públicas con sede en Beverly Hills, California. Llevaba ya tres años trabajando para una empresa de RP cuando comencé a pensar en el lanzamiento de mi propia empresa. En parte no creía realmente que fuera posible abrir por mi cuenta una empresa de relaciones públicas, porque no tenía el dinero ni la formación específica para este emprendimiento. Sin embargo, eso no impidió que lo hiciera. Empecé a imaginar cómo me sentiría al despertar cada mañana con el entusiasmo de entrar a una oficina que llevara mi nombre en la puerta. Traté de imaginar cómo sería poder decidir con qué clientes trabajaría y las formas de lograr el éxito para ellos. Cada día me sentaría en silencio y consideraría estos sentimientos, empleando mi imaginación a fin de ver y sentir la probabilidad de tener mi propio negocio.

Después de pasar por este proceso durante diez días, recibí una llamada telefónica de Mark, un antiguo cliente, que me dijo que él y su colega de negocios deseaban invitarme a almorzar. Había trabajado con ellos el año anterior y les conseguí muchos espacios publicitarios, incluso una entrevista en *Good Morning America* [Buenos días América]. En realidad, no estaba muy segura de por qué ellos querían reunirse conmigo, aunque me sentía muy entusiasmada con la idea de averiguarlo. Después de pedir nuestra comida, expusieron de inmediato al objetivo de la reunión.

Mark dijo: «Hemos hablado acerca de ti, y creemos que es hora de que comiences tu propia empresa de RP. Sabemos lo buena que eres, y deseamos ser tus primeros clientes».

Entonces Mark metió la mano en el bolsillo de su chaqueta y me entregó un cheque por la cantidad de dieciocho mil dólares y añadió: «Como tus primeros clientes, estamos pagando con anticipación el costo de un año por tus servicios. ¿Qué tan pronto puedes empezar?».

Tres semanas más tarde inicié *El Grupo Ford*, que rápidamente se convirtió en un éxito. Parecía que los clientes entraban por la puerta sin mucho esfuerzo de mi parte. Tenía una vida ocupada, placentera y emocionante, a excepción de la parte relacionada con el amor.

El amor hasta ese momento nunca había sido fácil en mi vida. Había crecido con unos padres que ni se amaban ni se preocupaba el uno por el otro. Con respecto a la relación amorosa, no tengo modelos. Mi vida sentimental era sencillamente lamentable.

Comencé a preguntarme si podría usar las oraciones, los rituales y los procesos que me dieron éxito en los negocios a fin de encontrar a un alma gemela. ¡Decidí averiguarlo! Hice una lista de todos los métodos que utilicé en el pasado, incluso enumeré de manera muy específica mis deseos, las oraciones de gratitud por haber recibido todo fácilmente y sin esfuerzos, los métodos de visualización diarios y las afirmaciones. En el transcurso de un año, Brian y yo nos conocimos en una reunión de negocios. El día que nos encontramos lo «supimos». Todos los que estaban en la sala con nosotros también lo «supieron». Tres semanas más tarde él me hizo la proposición, y un año después del encuentro tuvimos tres casamientos. Como pimpollo tardío, imaginé que tenía el derecho de celebrar nuestra unión tanto como fuera posible. Eso fue alrededor de dieciocho años atrás.

Como una novia algo mayor de edad, inmediatamente me convertí en la chica modelo para las solteras después de los cuarenta años de edad. Con frecuencia estas mujeres me llaman aparte y me preguntan: «¿Cómo puedo conseguir a alguien como Brian?». Entonces comparto todos los detalles de mi proceso con ellas, y semanas o meses después, me llaman con gran entusiasmo o me envían un correo electrónico para contarme que ahora también han conseguido un alma gemela. Finalmente, mi fórmula se convirtió en el tema de mis libros y los talleres conocidos como «El secreto del alma gemela», que en la actualidad han funcionado para decenas de miles de hombres y mujeres de todas las edades en cuarenta países.

Cuando encontré a mi alma gemela y me casé con Brian, estaba plenamente convencida de que había pasado por alto la parte de la vida de que «las relaciones demandan trabajo», ya que había conseguido al hombre perfecto. Realmente creía que nuestra relación era especial y estaba bendecida.

Como muchos recién casados, me hallaba envuelta en una experiencia deliciosa, sumamente agradable, con mi cerebro inundado de dopamina, oxitocina y otros neuroquímicos maravillosos que se producen cuando una persona está enamorada. En realidad, creía que estábamos viviendo como autómatas, flotando feliz de un día románticamente placentero a otro.

Aunque estaba convencida de que Brian era el hombre perfecto para mí, y creía, y todavía lo creo, que tenemos una relación especial, me encontraba equivocada en cuanto a «pasar por alto» el hecho de que las relaciones demandan trabajo. Entré en la relación matrimonial sin ninguna habilidad sobre cómo llevar la relación de pareja ni un conocimiento práctico de lo que significa compartir la vida con alguien. Nunca antes me había puesto a pensar al respecto.

A medida que comenzaba la realidad de vivir con Brian, rápidamente me percaté de que, puesto que era una empresaria y tenía mi propio negocio, mi mayor fortaleza era «ser la jefe». Descubrí que esta habilidad era la antítesis de lo que es necesario para el crecimiento y el fortalecimiento del amor. Detesto admitirlo, pero no soy el tipo de persona más afectiva y generosa del planeta. Mi naturaleza se enfoca primero en buscar «qué hay para mí». Brian es lo opuesto. Él es una de las personas más amorosas, generosas y tiernas que he conocido. Es un dador verdadero. No obstante, los «dadores» también tienen necesidades, deseos y heridas de la infancia que surgen.

He aprendido que las relaciones funcionan de manera semejante a cuando encendemos una vela. Uno enciende el pábilo de su pareja y viceversa. Sin embargo, a veces el fuego se vuelve una llama sin control. Entonces el bagaje de uno sale a la luz y eso «provoca» que el bagaje del otro surja, y todo tiene un desenlace horrible. ¡La buena noticia es que esto resulta normal! Aun así, al principio de mi matrimonio yo no sabía nada en cuanto al asunto.

En ese punto de mi vida había trabajado como publicista de libros para muchos de los nombres reconocidos en las áreas del crecimiento personal y la espiritualidad. Tenía acceso a los mejores intelectuales que enseñaban los secretos de cómo tener éxito, ser feliz y estar satisfecho. Estos maestros, que eran también mis clientes, abarcaban una gran variedad de temas desde la meditación hasta la manifestación... excepto cómo navegar en el amor y el matrimonio. Tenía la plena seguridad de que Brian y yo estábamos destinados a compartir juntos la vida, y también sabía que no tenía idea de cómo manejar las situaciones cuando enfrentábamos un desacuerdo. La oración, la meditación, el canto, la visualización, las metas, así como la actitud de mantenerse positiva y pronunciando afirmaciones, fueron parte de mi vida diaria, pero ninguno de ellos resultó útil cuando me sentí provocada al máximo. En momentos como esos, todos mis conocimiento de esfuerzo personal no podían ayudarme.

Finalmente, mi espíritu «indagador» decidió que era necesario que me convirtiera en una «alumna del amor». Me comprometí a comprender los pormenores de las relaciones amorosas para descubrir las verdades que se habían mantenido ocultas para mí durante mucho tiempo. Por medio de este libro usted se beneficiará de la sabiduría que he descubierto a lo largo de mi viaje para que pueda crear y mantener un amor profundo y gratificante.

Hoy, una de las interrogantes más comunes que me hacen es: «¿Cómo *sé* si él es mi alma gemela?». Esta es una gran pregunta, puesto que hay muchos mitos y conceptos erróneos acerca de esta palabra. En este libro encontrará todas las mejores definiciones y conceptos de lo que es un alma gemela y lo que no es, y qué es necesario para desarrollar y nutrir una relación entre almas gemelas.

En estas páginas aprenderá cómo cultivar el amor, disminuir los conflictos y crear una relación más profunda y amorosa. Voy a compartir las herramientas y habilidades que he aprendido, las cuales permitirán que usted y su pareja puedan comprenderse según una perspectiva completamente nueva. Además, ellas le ayudarán a fortalecer el vínculo que los unió en primer lugar y en última instancia elevarán su relación a un nivel totalmente nuevo. Junto con el entendimiento de la verdadera naturaleza de un alma gemela surge la posibilidad de redescubrir el amor, la pasión, el respeto y el compromiso con la relación.

Además, este libro revela:

- Lo que *realmente* es amar y lo que no lo es

- Por qué anhelamos estar conectados a otra persona

- Lo que nuestros contratos sagrados tienen que ver con el amor

- Por qué rechazar el perfeccionismo es clave para la felicidad

- Cómo pedir y recibir lo que más quiere de su pareja

- El propósito y los beneficios del matrimonio

- Los componentes de una relación saludable
- Cómo ir más allá de nosotros mismos para desarrollar nuestra relación con Dios/Espíritu/Devoción
- Cómo inspirarle nueva vida a un viejo amor iniciando la diversión
- Por qué cambiar de pareja no puede ser la respuesta y por qué volver a visualizar a su pareja puede conducirla a la felicidad

Una cosa es enamorarse y casarse, pero absolutamente otra es tener un matrimonio que usted ame. Llegar a ese punto es el propósito de *Convierta a su pareja en su alma gemela*. Es posible. Requiere iniciativa, compromiso, y creer en el esfuerzo de embarcarse en este viaje a fin de tener una relación verdadera.

Cuando termine de leer este libro, conocerá el camino para llegar allí. Mi sueño es que al darle vuelta a la última página, usted se sienta entusiasmado y enamorado de su pareja y tenga una vida más allá del "para siempre" hasta el "incluso después del para siempre".

*Arielle Ford*
*La Jolla, California*
*www.Arielleford.com*

UNO

# Se supone que no sea así

*Un alma gemela es alguien al que uno se siente atraído, que le ofrece la mayor posibilidad de crecer para que ambas personas se transformen en su mayor expresión.*

*Debbie Ford*

No es su culpa. La magia se ha esfumado. Las luces se han apagado. Usted se pregunta si vale la pena seguir luchando un poco más por lo que alguna vez tenía. El encanto se ha ido, y se pregunta cómo es posible que haya desaparecido. Mientras lucha por mantenerse a flote en un mar de emociones, un sentimiento sutil de culpa mezclada con desesperación y una pizca de esperanza vibra bajo la superficie de todo esto.

*¿Y si lo intento un poco más? Entonces quizás él pueda cambiar.* Si está leyendo este libro, es muy probable que se esté preguntando si se queda o se va. ¿Debe darse por vencida en su relación, la que realmente pensó era perfecta al principio? ¿O es posible convertir en verdad a esta pareja, que la molesta más allá de sus límites, en su alma gemela para siempre? No es su culpa que se haga estas preguntas. Es solo una señal de que el mito que alguna vez creyó ha quedado arruinado.

Lamentablemente, junto con la mayoría de las mujeres en el mundo moderno, se ha sentido atraída por la creencia falsa del significado del «amor verdadero». Ha sido expuesta a las fantasías de los cuentos de hadas diseñados para convertirla en la princesa perfecta que espera a su príncipe perfecto. Los medios de comunicación se unieron a la conspiración a fin de reforzar el mensaje de lo que es una pareja aceptable. Le dijeron que con la ropa adecuada, el perfume, la casa, el coche, los hijos, el peinado, la carrera, usted podría convertir esa cuidadosa fantasía de su infancia en su realidad particular. En esencia, fue programada para ser la estrella en su propia película romántica con protagonistas masculinos listos para encajar perfectamente en el cuadro de su vida amorosa tan deseada.

Ha experimentado un lavado de cerebro y fue obligada a creer mentiras.

La versión en dibujos animados de su vida sería algo como esto. El príncipe azul, muy apuesto y vestido con un traje de terciopelo hermoso, llega en un caballo blanco con la sola intención de tomarla en sus brazos y montarla en su corcel para llevarla a la tierra de la eterna felicidad. Este impresionante príncipe puede que le traiga el zapato perfecto de muy reconocida marca o la bese hasta despertarla de un estado de total abandono después de un largo sueño.

La historia le promete que el príncipe azul tiene la llave de oro de la tierra mágica, donde naturalmente él suple todas las necesidades que usted tenga y le concede cada uno de sus deseos. Tal vez por un breve tiempo al comienzo de su relación incluso ha experimentado momentos de esta felicidad evasiva, lo cual acentúa su creencia de que finalmente ha conseguido al «perfecto».

Entonces comienza la realidad. Las circunstancias han cambiado. Finalmente, el príncipe azul parece transformarse en alguien que usted ya no reconoce como su mejor amigo, amante y compañero de la vida.

Seamos realistas. Tenemos estándares altos para nosotros mismos y nuestra pareja. Ya sea que lo sepamos o no, con frecuencia hemos convertido a nuestra relación en un objetivo inalcanzable. No debe sorprendernos que estemos frustradas, decepcionadas y avergonzadas. A menudo les confiamos a nuestras amigas las cosas molestas que hace nuestra pareja, recopilando historias de otros ejemplos horribles de los amigos de nuestros amigos. Esto nos lleva a una sucesión degradante de miseria a medida que resaltamos todo lo que va mal en nuestra relación. Todos sabemos que cuando enfocamos nuestra atención en algo, eso crecerá. Si nos concentramos en divulgar continuamente cuán malos son los hombres o qué equivocados están, nos adentramos en la zona de «la grama es más verde allá, pero no aquí», lo cual distorsiona nuestra visión y crea un mundo perfecto de fantasía que parece imposible de alcanzar.

Al reflexionar un poco más, nos damos cuenta de que nuestro deseo secreto de tener una vida perfecta no se hizo realidad. Al mismo tiempo nos sentimos frustradas, llenas de expectativas sin cumplir. Nos esforzamos para esbozar una sonrisa y fingir que no sentimos lo que nos afecta con la esperanza de que nadie lo percibirá o que estos intensos sentimientos de alguna manera van a desaparecer si los ignoramos lo suficiente.

Sin embargo, nosotros los percibimos bastante. Y no importa cuánto lo deseemos, o hablemos de ellos a los amigos, no desaparecerán.

Es tiempo de hacer una prueba de la realidad. El príncipe azul ha cambiado su traje de terciopelo por un suspensorio, una camiseta rasgada o un par de sus pantalones favoritos de algodón. Es el hombre reclinado en el sofá, que grita durante el partido o al político mientras observa el noticiero, que se rasca entre las piernas y eructa después de tomar su última cerveza. Francamente, ¿fue esta la visión que tuvo cuando avanzaba por ese pasillo, sosteniendo un ramo de flores cuyo aroma era cautivante, y al llegar al altar y decir: «Lo prometo»?

No nos dimos cuenta de que al pronunciar las palabras «lo prometo» eso significaría también «prometerlo» cada día.

¿Está usted quizás familiarizada con el síndrome de «has visto»? Es un fenómeno que he observado una y otra vez en mi propia relación y la de mis amigas. Es como si la memoria de su pareja cambiara en el momento que usted entra en la sala. Él simplemente no puede encontrar nada. Su billetera, sus zapatos, su portafolio, su computadora portátil, el control remoto, las llaves del coche, cualquier cosa, pareciera haber desaparecido milagrosamente. Es como si su cerebro hubiera sido encargado a la oficina de correos local y temporalmente se perdió entre la correspondencia. Ha notado que no se comporta así con sus amigos. Sin embargo, esto le ocurre con usted. Al principio piensa que es gracioso. Hasta que un día ya no le parece tan chistoso. No importa cuánto trate, ya no puede imaginarse cómo volver a crear esa sensación inicial de entretenimiento.

Una variación de esta repentina amnesia se evidencia en otro síndrome familiar al que con cariño me refiero como el de las «piernas perdidas». Él pierde su habilidad de caminar si sabe que usted está allí. «Cariño, ¿tenemos algunas papas fritas?», pregunta, como si fuera incapaz de levantarse y buscarlas por sí mismo.

¿Acaso puede ser ese hombre por el que usted ha orado? ¿El «elegido» que Dios mismo apartó para usted? ¿Acaso es posible que haya nacido para estar con alguien que se porta de un modo tan ordinario? ¡De ninguna manera! ¡Sin duda usted estaba destinada para algo —o alguien, sí, alguien— mejor! Hoy, su relación podría ser «suficiente» o «buena», pero constantemente sueña despierta acerca de esa misteriosa «alma gemela verdadera» que sabe que anda todavía por ahí, pero fuera de su alcance. Quizá se pregunta: «¿Tengo el valor de abandonar esta relación para buscar la posibilidad de alguien nuevo, la «persona correcta»? Usted sabe que no está destinada a la mediocridad. Lo puede sentir, y le causa mucho dolor vivir de esta manera.

¿O quizás la relación se ha deteriorado a tal punto que el velo ha sido corrido para descubrir su verdadera realidad? ¿Es posible que finalmente admita que sabía incluso desde el día de su boda que estaba cometiendo un error?

No es su culpa. Ninguno de nosotros hemos recibido un manual oficial acerca del matrimonio o en qué consisten las relaciones. Usted no recibió la notificación. Es más probable que haya recibido la versión oficial de la «verdad» envuelta con un moño, el mito que afirma que todos estamos destinados a encontrar nuestra *única alma gemela* y que cuando la encontremos, sonarán trompetas y arpas celestiales, las cuales nos acompañarán el resto de nuestros días... y seremos felices para siempre.

## *La verdad acerca del «elegido»*

Dediquemos un segundo aquí a reconocer que probablemente está muy molesta acerca de las circunstancias. También es posible que sienta enojo y rabia mezclados con mucha tristeza y frustración. La animo a que ahora se tome un momento, apriete sus hermosas manos como si luchara con los puños, agite los pies, y simplemente permita que su princesa interior pueda gritar: «¡Se supone que no sea así!».

Bien, ahora respire hondo. Respire más hondo. Ahora exhale. Lo que voy a decir quizá no sea lo que espera oír, pero lo diré de todos modos.

¿Qué pasa si *se supone* que sea así?

¿Qué tal si la naturaleza tenía toda la intención de destinarnos a estar con aquel que más nos lastimaría, ofendería y fastidiaría? ¿Con esa persona que tiene pleno acceso para provocarnos más allá de nuestros límites? ¿Y si tuviera que decirle que la definición de «elegido» incluye que esa persona es quien la llevará al borde de la locura y que su propósito es ayudarla a tener una nueva comprensión de sí misma?

La buena noticia es que esta misma persona podría ser la que puede amarla más profundamente y sin condiciones. Esta persona es la «elegida» porque la comprende más que nadie, tanto literal como metafóricamente.

Aunque todo esto parezca contrario al entendimiento, luego de que comprendamos el propósito verdadero de las relaciones románticas y el matrimonio, tendrá un sentido perfecto. Antes de sumergirnos en ese tópico extenso, permítame compartir una historia de un tiempo antiguo que ofrece una perspectiva de por qué la mayoría de las personas anhelan unir sus vidas con otras.

Hace muchos años, mi amiga Jean Houston, una educada filósofa, y sobre todo una de las principales intelectuales visionarias de nuestro tiempo, me relató una historia fascinante que proviene de Aristófanes, el aclamado filósofo y dramaturgo cómico de la antigua Atenas. Él cuenta un relato, que compartió en el simposio de Plato, acerca del deseo profundo de pasar el resto de nuestra vida con un alma gemela.

Hace mucho tiempo, en la época primitiva, había seres que tenían cuerpos duplicados con cuatro brazos, cuatro piernas, dos cabezas y dos juegos de órganos genitales. Eran grandes criaturas redondas que rodaban alrededor de la tierra como payasos dando volteretas. También poseían gran fuerza. Había tres tipos de seres redondos: el masculino, el femenino y el «andrógino» que era mitad hombre y mitad mujer. Se creía que los hombres descendían del sol, las mujeres de la tierra, y los seres andróginos de la luna.

Estos seres trataron de escalar las alturas de los cielos y planearon establecerse sobre los dioses. Zeus, observándolos desde su trono en el cielo, se puso muy celoso de toda la diversión que las criaturas tenían. También sintió celos del poder que poseían estas criaturas. Aunque Zeus pensó en usar sus rayos para destruirlos hasta matarlos, no estaba dispuesto a quedarse sin sus devociones y ofrendas. En cambio, decidió mutilarlos cortándolos por la mitad con su espada, separando efectivamente los cuerpos. Las mitades cortadas fueron esparcidas en direcciones opuestas a otras partes del mundo. Aristófanes afirmó que esta es la razón por la que nacemos con el deseo de encontrar nuestra «otra mitad». Por esto, cuando finalmente una mitad encuentra a la otra, ambos son muy felices y se gozan con la promesa de un nuevo amor y deleite. Creen, al menos por un tiempo, que ahora están completos, porque se reunieron con la otra mitad y lograron así la «totalidad». Como si estuviéramos genéticamente codificados para ser pareja.

Lo que esta historia ni cualquiera de los cuentos de hadas revela es que esta «totalidad» tiene un costo. Para estar completos, primero debemos reconocer y sanar nuestras heridas de la infancia, toda parte de nuestro interior que no haya recibido la satisfacción de sus necesidades por parte de nuestros padres o cuidadores principales durante nuestra infancia. Nuestras heridas, sobre todo aquellas de las que estamos inconscientes, son las que crean caos y tensión en nuestras relaciones amorosas. Lamentablemente, la mayoría de nosotros nunca hemos aprendido o tenido modelos de cómo establecer una relación afectuosa, amable, comprensiva y exitosa. No hemos desarrollado las habilidades necesarias para navegar por los inevitables conflictos que surgen en las relaciones, lo cual nos deja principalmente luchando con una profunda agitación emocional, imitando todo lo que vimos durante nuestra niñez.

La mayoría de nosotros no hemos crecido con padres que modelaron excelentes habilidades de comunicación. Quizás el ambiente de su infancia le mostró una dinámica de una relación adulta disfuncional. Tal vez fue testigo de la sutil tendencia perpetua pasiva-agresiva que se observa en la interacción de muchas familias. Quizás creció en el ambiente hostil y abusivo, verbal o físicamente, de la relación de sus padres. Aprendemos estas lecciones y luego buscamos a la persona exacta que pueda reforzar lo que hemos aprendido. Para bien o para mal, no hay nadie mejor a fin de instigar todos sus problemas que su alma gemela.

## Qué es un alma gemela y qué no lo es

Un «alma gemela» es uno de esos términos que conllevan un significado diferente para casi toda persona. En lo que a mí respecta, creo que un alma gemela es ante todo alguien con quien que uno se siente física y emocionalmente seguro. Alguien con quien podemos ser completamente nosotros mismos, con quien compartimos un amor incondicional, y cuando miramos a los ojos de esa persona, experimentamos una sensación de estar en el «hogar». Si usted acepta esa definición, notará que todos tenemos muchas almas gemelas, no solo una pareja romántica, sino probablemente también nuestros hijos, padres, hermanos, amigos, colegas... ¡incluso nuestras mascotas!

Aquí le ofrezco otras varias definiciones que amplían la noción de las almas gemelas y considero bastante precisas:

*Un alma gemela es alguien que tiene cerraduras que se adaptan a nuestras llaves y llaves que se adaptan a nuestras cerraduras. Cuando nos sentimos lo suficiente seguros para abrir las cerraduras, surge nuestro yo verdadero y podemos ser lo que somos de una forma total y honesta; podemos ser amados por quienes somos y no por lo que pretendemos ser. Cada uno descubre la mejor parte del otro. No importan los malos sucesos a nuestro alrededor, con esa persona estamos seguros en nuestro propio paraíso. Nuestra alma gemela es alguien que comparte nuestros anhelos más profundos, nuestro sentido de dirección. Cuando somos dos globos y juntos nos dirigimos hacia arriba, lo más probable es que hemos encontrado a la persona adecuada.*

RICHARD BACH

*Las personas piensan que su alma gemela es la que se adapta a ellas perfectamente, y eso es lo que todo el mundo quiere. Sin embargo, una verdadera alma gemela es como un espejo, la que te muestra todo lo que te impide avanzar, la que te llama la atención, de modo que puedas cambiar tu vida.*

ELIZABETH GILBERT

*Un alma gemela es una conexión continua con otra persona que el alma elige varias veces y en diferentes lugares durante la vida. Nos sentimos atraídos por otra persona al nivel del alma, no porque ella sea nuestro complemento singular, sino porque al estar con esa persona, de alguna manera recibimos una motivación para llegar a ser nosotros mismos.*

EDGAR CAYCE

*[Con tu alma gemela] abres tu corazón sabiendo que probablemente algún día pueda ser herido, y al abrir el corazón experimentas un amor y gozo que nunca hubieras imaginado posible.*

BOB MARLEY

---

Uno de los mayores mitos sobre el alma gemela es que cada persona solo tiene un gran amor durante toda su vida.

Eso sencillamente no es verdad. La buena noticia es que todos tenemos muchas, muchas probables almas gemelas durante toda la vida. Siempre les digo a mis alumnos que encontrar un alma gemela es la parte fácil. La parte difícil es aprender a vivir juntos y permanecer comprometidos con nuestra alma gemela. Esto requiere una dosis diaria de dedicación, devoción y práctica. Aquellas parejas que acaban de enamorarse no me creen. En medio del «pensamiento mágico» con súbitas dosis de dopamina y oxitocina en el cerebro, es difícil concebir el día en que el alma gemela pueda considerarse un compañero de celda muy indeseable y molesto.

Puede sentirse como si enamorarse fuera un fraude de la naturaleza. Cuando conocemos a una persona que consideramos especial, parece que todo concuerda. Nos sentimos muy felices, y todo es demasiado «perfecto». Y luego un día... ¡pum! Pareciera como si una bala de cañón penetrara en el centro de nuestro pecho y de pronto nos encontramos en una profunda miseria. Nuestro ardiente y flamante amado es la fuente de un inmenso dolor y duda.

Esto le sucede a casi todos. Yo me encontraba totalmente desprevenida en el momento en que me sucedió. Cuando Brian y yo nos conocimos, fue simple y literalmente mágico. Ambos supimos ese día, dieciocho años atrás, que estábamos destinados a pasar nuestra vida juntos. Nos comprometimos y nos casamos un año después. Como la mayoría de las parejas recién enamoradas, pensábamos el uno del otro de una manera

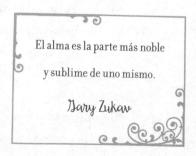

El alma es la parte más noble y sublime de uno mismo.

*Gary Zukav*

muy fascinante. Cada vez que estábamos juntos, el agua tenía mejor sabor, el aroma del aire resultaba más dulce, y la vida era un recipiente gigante de cerezas.

Y entonces un día, durante un momento muy ordinario de una jornada común, simplemente mientras estaba pasando el tiempo en mi oficina, «eso» sucedió. De repente, mi Brian tranquilo y casi siempre feliz parecía enojado conmigo.

Lo oí decir: «No me estás escuchando».

Inmediatamente y a la defensiva, repliqué que sí le escuchaba. Incluso repetí las palabras exactas que él había dicho.

Sin embargo, él insistió. «No, no estabas prestando atención. Siempre estás muy ocupada revisando tu correo electrónico. No pareces interesada en lo que tengo que decir».

La tensión en el ambiente resultaba pesada e incómoda. Este era un territorio nuevo. Nunca antes había oído ese tono de voz. Me sentí como si tuviera cinco años de edad y estuviera siendo acusada de ser «mala» o de estar «equivocada». Me sentía horrible.

De alguna manera superamos ese momento. Le pedí disculpas por darle la impresión de que yo no lo escuchaba. Él me pidió disculpas. Y pensé que eso era el final de la discusión.

Hasta que ocurrió... otra vez. Y otra vez. Y otra vez.

Siendo relativamente inteligente, intenté recordar que debía mantenerme concentrada y presente cuando Brian y yo estábamos conversando, pero no fue fácil. Nunca he sido una buena oyente. Brian no era el primer hombre que me decía esto.

Siempre estoy pensando, y cuando otro está hablando, a veces mis propios pensamientos parecen más interesantes para mí y entonces desaparezco. Me refiero a esto como mi tendencia a estar a la «deriva» o vagando mentalmente.

La tendencia era obvia. Podía hallarme a la deriva, o Brian percibía que yo estaba a la deriva y no lo escuchaba. Entonces me llamaba la atención, y después escuchaba sus palabras como evidenciando acusación y enojo. Me ponía a la defensiva y el asunto empeoraba. No recuerdo cuántos años este patrón o tendencia continuó, pero afortunadamente encontramos la solución.

Brian era el más joven en su familia. Con dos hermanos mayores, un padre abogado y una madre enérgica, siendo el menor, sentía que tenía que luchar para ser escuchado. En mi familia yo era la mayor de tres. Siempre estaba más interesada en mis propios pensamientos que en los de los demás. De alguna manera durante mi infancia desarrollé un miedo a cometer errores y ser acusada de ser mala o incorrecta. En el momento en que siento que se me acusa de hacer algo malo, de inmediato me pongo a la defensiva. En realidad, nuestras heridas de la infancia son una combinación perfecta para provocarnos mutuamente.

¿Hemos resuelto totalmente el asunto? No. De alguna manera, incluso con la conciencia de nuestros «problemas» individuales, una que otra vez surgen de nuevo cuando menos lo esperamos. Nuestros intercambios ocasionales nos sirven como recordatorio de las cosas que tenemos que aprender el uno del otro. En realidad, ellas nos proporcionan un cierto nivel de constancia, aunque resulten molestas.

Harville Hendrix y su esposa y compañera de enseñanza, Helen Hunt LaKelly, han estudiado las relaciones por más de cuarenta años. Como terapeutas e investigadores, son los cofundadores de *Imago Relationship Therapy* [Terapia de la Relación Imago]. Esta terapia es muy popular debido a su simplicidad.

*Imago* sugiere que el propósito de tener una pareja es completar nuestra infancia y sanar las heridas que hemos experimentado como niños. Buscamos a una pareja que tiene muchas de las características de nuestros padres y de aquellos que nos cuidaron con la esperanza inconsciente de que nos ayudará a sentirnos completos otra vez.

¿Acaso esto significa que nos casamos con nuestra madre o padre? Básicamente, así es. La pareja que escogemos termina siendo una mezcla de todos nuestros cuidadores en una persona. Esta persona ideal se llama nuestro «imago» o imagen perfecta. Inconscientemente fantaseamos con la idea de que si conseguimos que esta imagen perfecta nos ame tal como queremos, entonces el dolor que sentíamos de niños, cuando no conseguimos la satisfacción de nuestras necesidades, desaparecerá y seremos sanados.

Cuando encontramos las parejas que nos ayudan a satisfacer las carencias de nuestra infancia, nuestras relaciones y luchas como adultos nos resultan familiares, porque nos recuerdan a nuestros principales tutores. Estas relaciones nos dan la oportunidad de sanar nuestras heridas del pasado y encontrar una profunda satisfacción en la conexión. Sin embargo, se trata de una oportunidad, no de una garantía.

Los investigadores creen que a un nivel inconsciente tenemos incorporado un «selector de pareja», una especie de filtro, desarrollado en la infancia, que determina a quién seleccionaremos como nuestra pareja íntima en la vida adulta. Este selector es creado a partir de la relación con nuestros padres. Está diseñado para filtrar al que activará en nosotros las dolorosas experiencias que tuvimos con nuestros padres durante la infancia. Estas serán las necesidades que no fueron satisfechas, de las cuales a menudo no estamos conscientes.

Así que conocemos a alguien y nos enamoramos, y parece que los dos estamos sincronizados en casi todo. Esto es la fase llamada luna de miel, en la que la vida es hermosa. Entonces, como heridos por un rayo, percibimos el impacto de un nuevo sentido de la realidad que nos penetra hasta los huesos. De repente, nos sentimos obligados a decir algo como: «¡Oh, Dios mío! Me siento igual que cuando estaba con mi padre». O tal vez: «La manera en que me miras me recuerda a mi madre». Una tormenta de emociones nos inunda a medida que nuestras heridas emergen a la superficie. Es un proceso doloroso, pero necesario, que nos acerca a nuestra pareja. Aunque suene muy paradójico, esta pareja es la que nos ayudará a superar esos dolores, ya que nos recuerda sus orígenes.

Compartir sus temores más fuertes con el otro es un gran acto de confianza e intimidad. La historia de Harville Hendrix es una en la que él le revela sus profundos temores a su esposa, y en consecuencia eso los acerca más que nunca.

Durante años, Harville luchó con la falta de puntualidad de su esposa y su incapacidad de hacerle saber cuándo llegaría tarde. Él se preocupaba sin cesar hasta que ella llegaba, gastando mucha energía en algo que no podía controlar. La causa nada tenía que ver con Helen. La reacción de Harville estaba relacionada con la traumática muerte de su madre cuando él tenía seis años de edad.

La madre de Harville había ido al huerto de su pequeña granja en Georgia para recoger nueces. De repente, Harville observó que unos adultos marchaban de prisa hacia la parcela de nueces. En pocos minutos volvieron trayendo a su madre, que obviamente había fallecido. Ellos la acostaron en la cama y luego se llevaron a Harville para que durmiera. A la mañana siguiente uno de sus tíos, despertándolo suavemente, le dijo: «Tu madre está muerta. ¿Quieres verla?». Luego el tío condujo a Harville a la otra habitación donde yacía su madre. En ese momento, la mente de Harville hizo la conexión entre la ida de su madre a la huerta de nueces y el no regresar viva otra vez.

Luego de que Harville compartiera esta historia con Helen, ella pudo identificar la causa de su reacción. Juntos elaboraron el plan de que ella llamaría para dejarle saber que estaba bien cada vez que fuera a regresar tarde. Eso hizo una gran diferencia en dos puntos: Harville sintió que era escuchado y Helen podía responder de una manera que calmaba sus preocupaciones. Trabajando a través del profundo problema de raíz que afectaba a Harville, ambos lograron un nuevo nivel de aprecio mutuo y pudieron considerarse de una manera completamente diferente.

Harville afirma que la pérdida de la ilusión es una de las experiencias más impactantes y aterradoras de la vida conyugal. Y así como estar enamorado tiene una fase química cerebral específica, esta fase también produce un cambio de la química cerebral —los niveles de dopamina disminuyen mientras que los niveles de cortisol aumentan— a medida que pasamos del entusiasmo a la frustración, el miedo, el conflicto y la contradicción. Harville escribe:

Nuestra necesidad inconsciente es que nuestros sentimientos de vitalidad y plenitud sean restaurados por alguien que nos recuerda a aquellos que nos cuidaban durante la infancia. En otras palabras, buscamos a alguien con la misma carencia de cuidado y atención que nos dañó en primer lugar. Entonces, al enamorarnos, mientras suenan las campanas y el mundo parece un lugar mejor, nuestro antiguo pensamiento nos dice que hemos encontrado a la persona que finalmente suplirá nuestras necesidades. Lamentablemente, puesto que no entendemos lo que está sucediendo, nos sorprendemos cuando la terrible verdad de nuestro amado sale a la superficie y nuestro primer impulso es salir corriendo y gritando en dirección opuesta.

Tener un alma gemela implica una danza hermosa hacia la plenitud si estamos dispuestos a permitir y aprender de los embates inevitables que surgen en la esfera de una relación. La buena noticia es que ya usted no es un infante. Ahora es un adulto completamente equipado para superar esas heridas originales y llegar a un lugar más profundo de su propio ser. Su alma gemela es como una compañía en su camino hacia ese lugar de sanidad.

Matt Licata, un psicoterapeuta y editor de una casa publicadora en Boulder, Colorado, describe a la pareja de alma gemela como un «guía entusiasta que lleva a la expectante y vasta realidad de la plenitud». Aunque a menudo exigimos que nuestra

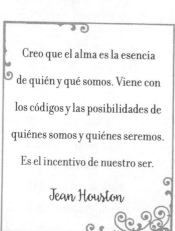

Creo que el alma es la esencia de quién y qué somos. Viene con los códigos y las posibilidades de quiénes somos y quiénes seremos. Es el incentivo de nuestro ser.

Jean Houston

pareja pueda de alguna manera por arte de magia resolver nuestros problemas emocionales y ofrecer lo que Matt llama «un lugar final de reposo donde la vulnerabilidad, la pasión y la ternura» puedan descansar, la realidad es muy diferente:

> Aunque no resulta fácil, usted puede percibir que es a través de su vulnerabilidad, sensibilidad y honestidad que el amor es capaz de hacer uso de su cuerpo, su psique y su amabilidad, emergiendo de entre las estrellas y bendiciendo este mundo desalentado. Honre el fuego que arde en su interior, porque es la clave para el desarrollo de la plenitud de su ser.

Nuestras almas gemelas nos acompañan en nuestro viaje mientras somos completamente sinceros con ellas. En realidad, es en el mismo acto del quebrantamiento que nuestra plenitud puede surgir a través del amor que experimentamos el uno por el otro. Cada persona tiene un camino distinto que debe tomar. Así como nadie puede respirar por nosotros, debemos completar el viaje por nosotros mismos.

## ¿Qué es el amor y cómo se diferencia de «estar enamorado»?

Algunos científicos aluden que estar enamorado es una forma de adicción. Cuando nos enamoramos, realmente «deseamos» a otro ser humano y queremos absorber todo cuanto sea posible de esa persona. En esta condición que se denomina «estar enamorado», la química en nuestro cerebro nos pone en un estado de euforia profunda e irresistible.

Mediante el uso de tomografías, los científicos pueden observar las diferentes partes de nuestro cerebro cuando estamos enamorados y ver cuando están «iluminadas». Estar enamorado es un suceso que se puede medir. Y como todos sabemos, la vorágine que la química del cerebro trae consigo no dura.

Estar enamorado es la manera en que la naturaleza nos reúne; sin embargo, permanecer juntos requiere algo más que la química del cerebro. El amor verdadero, del tipo que dura toda la vida, resulta del trabajo de los adultos emocionalmente maduros que dejan a un lado los cuentos de hadas en los que las personas son «felices por siempre» a cambio de, como mi buena amiga Katherine Woodward Thomas dice, ser «felices incluso después».

Las dos cosas más importantes para entender acerca del amor pueden resumirse de esta manera: el amor es una elección y una conducta. Cada día escogemos a quién amamos y escogemos expresar nuestro amor a través de una conducta cariñosa. El término «amor incondicional» significa que a pesar de que no siempre nos va «gustar» lo que hace nuestra pareja, decidimos amar todo de ella: lo bueno, lo malo y lo feo. Esto no significa que vamos a exponernos a correr riesgos; tal vez tengamos que amar a esas personas desde lejos si se vuelven un peligro para nosotros.

Este libro *no* trata de las relaciones dañinas. No trata de cómo manejar las relaciones que se han vuelto tóxicas, nocivas o abusivas. Si se encuentra en una relación negativa y no sabe cómo salir de ella, busque consejo. Es posible que esa sea la manera correcta para ayudarle a avanzar. Si está en un estado de desilusión, frustración o ira, siga leyendo, porque este libro trata de cómo puede volver al camino correcto para encontrar el amor más profundo con la pareja de su elección.

A fin de navegar con éxito en la relación, es necesario entender lo que es el amor... y lo que no es. El amor no es posesivo. Un episodio violento con un comportamiento celoso no significa que alguien le ama. Significa que la persona se siente amenazada, lo que a menudo se convierte en amenazas dirigidas a la persona más cercana: *usted*. El amor no se trata de culpar a otros, de hacerlos sentir mal por lo que son, ni de intentar controlarlos al espiarlos, revisar secretamente sus celulares para leer los mensajes, o realizar otras prácticas que indican desconfianza. El amor no es ninguna de esas cosas.

El amor es un vínculo. El amor es un sentimiento. El amor es parte esencial de la vida. El amor abre nuestros corazones, expande nuestro mundo y dibuja una sonrisa en nuestros labios. Por amor hacemos compromisos y acuerdos de compartir nuestra vida con la otra persona en las buenas y en las malas.

Cuando le prometemos amor a otra persona, decimos: «Te amaré en tus días buenos y tus días malos. Seré tu fortaleza donde puedas sentirte segura. Compartiré contigo mi atención, afecto y aprecio. Contigo seré una mejor mujer y conmigo serás un hombre mejor. Seré tu mejor amiga, amante, compañera y protectora. Si las cosas no funcionan, no te traicionaré».

El amor no significa que todas las cosas sean admirables y relucientes. Aunque sean bonitas para un día especial, por sobre todo no son lo que define el amor. El amor es tanto dar como recibir. También es estar dispuesto a perdonar. Y no olvidemos que el amor además es decir la verdad.

Dios es amor. El amor es *quienes* somos. El amor es la razón por la que estamos aquí. En palabras simples, el amor es todo lo que existe. Todo lo demás es una omisión del propósito esencial de nuestra existencia en esta tierra. Esta es la razón por la que resulta confuso, dañino y descorazonador cuando nuestras expectativas no están satisfechas con respecto a la expresión del amor.

¿Puede creerme si le dijera que los ingredientes para resucitar el amor están a su alcance después de todo? ¿Sabía que su situación no es una causa perdida? Sin que importe cómo resulten las cosas entre usted y su pareja, ¿sabía que está en el camino correcto después de todo? ¿Cómo sé esto? Porque si no fuera así, usted hubiera ya dejado de leer este libro. Esa es una señal de que mantiene en su corazón la esperanza de ser una nueva persona, y ese es el primer paso hacia la sanidad.

Tal vez todavía no me crea, pero es posible volver a descubrir a esa pareja atractiva, divertida y atenta que una vez conoció. La vida hastiada que ha llevado hasta ahora puede transformarse cuando vuelva a captar ese encanto que hubo una vez, logrando un nivel de intimidad y conexión en su relación como ningún otro que haya experimentado.

Usted no sabía que tenía estos maravillosos poderes de transformación, ¿verdad? Bueno, sí los tiene. Todos los tienen. No requiere «trabajo», no es «difícil» ni demanda años de terapia costosa o mucho tiempo. Por cierto, tampoco tiene que «hablar» con su pareja para experimentar el cambio que busca.

Solo necesitará algunas herramientas para que la ayuden en su viaje de transformación. Necesitará tener el deseo de mejorar su relación, la disposición de intentar nuevas cosas y la estrategia correcta. Serán necesarios algunos ajustes, pero nada importante. Puesto que nunca hablo de cualquier cosa que no haya intentado yo misma, le prometo que estos cambios menores no le dolerán. En realidad, la harán sentir tan bien, que rogará por más.

¿Está lista para tener más amor y menos miedo? ¿Más risas y menos ira? ¿Más energía y menos tensión? Continúe conmigo. Apenas he comenzado.

DOS

# Cómo comprender a los hombres

*El marciano, el héroe y el cavernícola*
*Soy singular, tú eres singular. Todos en este*
*mundo son singulares. Un día, dos personas se*
*unirán en mutua singularidad y se enamorarán.*

*Dr. Seuss*

El cielo estaba pintado con una magnífica gama de colores rosa y ámbar tenues que contrastaban con el gris pálido de las nubes de una tarde de noviembre. Estábamos sentados en la orilla del río Ganges en Rishikesh, India, con una docena de amigos, observando a un sacerdote que lucía una gran cabellera, una larga barba y una simple túnica naranja mientras oficiaba una boda hindú.

La novia lucía resplandeciente con su sari escarlata, adornada con sartas de joyas de oro desde la frente y hasta sus tintineantes tobillos. El novio llevaba un turbante en su cabeza y vestía un traje tradicional de seda de la India. Ambos se veían esplendidos, aunque muy ceremoniales. A diferencia de las bodas estadounidenses, ninguno parecía sonreír.

Al final de la ceremonia, el sacerdote y la pareja caminaron desde la plataforma hasta la orilla de piedra, no muy lejos de donde nos encontrábamos, y se sentaron en medio de ochenta jóvenes, los cuales vestían todos túnicas amarillas. Era el momento para el *aarti* del atardecer, una ceremonia sagrada que incluye encender velas, cantos y ofrendas. Habíamos pagado una pequeña cantidad de rupias para comprar las ofrendas, que consistían en nidos confeccionados de pequeñas hojas de palmas llenos de pétalos de flores y una vela pequeña para aromatizar nuestras oraciones, antes de lanzarlas sobre la rápida corriente de la madre Ganga. El sacerdote y varias mujeres vestidas con saris de color naranja condujeron el coro de jóvenes y a todos los que estaban alrededor en una serie de cantos. De vez en cuando, el sacerdote hacía una pausa y conversaba con la pareja. Aunque no entendíamos lo que les decía, varias veces le escuchamos decir en inglés: «Está bien, cariño», mientras que la pareja y los demás se echaban a reír. Finalmente pudimos ver unas pocas sonrisas de la novia y el novio.

Al terminar la ceremonia, nos dirigimos hacia el arco de hierro forjado de más de tres metros que marca la entrada a un *áshram* [o lugar de meditación]. Fue aquí que nuestro pequeño grupo acordó reunirse antes de dirigirnos a nuestro motel cerca de la ciudad sagrada de Haridwar. Mientras esperábamos que nuestro grupo se reuniera, me di cuenta de que una mujer occidental vestida con una túnica naranja pasaba caminando con mucha prisa. Enseguida la reconocimos, porque habíamos visto un especial hecho por la cadena HBO en la India, así que la llamé.

Con una gran sonrisa, ella se volteó y dijo: «¿Quiere conocer a Swamiji?».

Por supuesto que accedí y le expliqué que conmigo se encontraba una docena de amigos. Ella dijo: «No hay problemas. ¡Invítelos a ellos también!».

En pocos minutos, todos estábamos sentados a los pies del gurú y de una hermosa mujer estadounidense, segunda en comando en el *áshram*, Sadhvi Bhagawati Saraswati. El gurú del ashram Parmarth Niketan, Pujya Swamiji, hablaba perfectamente el inglés y nos animó a que le preguntáramos a él o a Sadhvi todo lo que quisiéramos saber.

Como no soy muy tímida, rápidamente levanté la mano y le pregunté: «¿Qué le decía usted a la pareja durante la boda que terminó con la frase: "Está bien, cariño"?».

Swamiji rió y luego explicó. «Le dije al novio que la clave para un matrimonio exitoso es muy simple. Cada vez que su esposa le pida algo, automáticamente su respuesta siempre debe ser: "Está bien, cariño"».

El gurú no estaba proponiendo que el novio demostrara una falsa conformidad con su esposa, sino más bien que ofreciera un respetuoso consentimiento ante las necesidades de ella. Él le dio a la pareja dos palabras que transmiten comprensión, atención y respeto, dos palabras que pueden ser determinantes.

Armonía, o al menos la ausencia de toda guerra, es lo que toda pareja desea en una relación de larga duración. Estoy segura de que su pareja no se levantó hoy pensando qué hacer para provocar su enojo.

En realidad, es muy probable que le gustara saber exactamente qué podría hacer para que ese día fuera uno de los mejores que usted haya tenido. Nada le haría más feliz que verla feliz.

No me cree, ¿verdad? Probablemente está pensando: «Oh, él sabe exactamente lo que espero que haga. Se lo digo todos los días, a cada momento. Si solo recordara recoger del piso del baño sus toallas mojadas, y le pusiera la tapa a la pasta de dientes, y sacara la basura y ayudara a Johnny con su tarea de matemáticas...».

¿Le suena familiar? Así como no tenemos un manual en cuanto a cómo vivir felizmente para siempre, tampoco hay instrucciones para entender a los hombres. La mayoría de las mujeres vive como si los hombres simplemente fueran lo que mi amiga y experta en relaciones Alison Armstrong llama «versiones velludas de nosotros mismos». Esperamos que los hombres piensen, reaccionen y respondan como nosotras, y que se comporten de una determinada manera. Y cuando no responden como esperamos, nos sentimos sorprendidas, desilusionadas y frustradas.

La hermana de mi amiga, Leslie, se queja constantemente de que su marido deja sus calcetines sucios por todas partes. Ella incluso comenzó a nombrarlos mientras anda por la casa recogiendo las medias con el ceño fruncido. Se pregunta por qué él no parece escucharla cada vez que le habla sobre su desorden. Mientras más ella se enoja, más reticente se pone él.

La buena noticia es que el ciclo de incomprensión puede interrumpirse después que descubra algunas pautas simples que diferencian a los hombres de las mujeres. Cuando identifique estas áreas, conocerá la clave para conseguir fácilmente lo que quiere de su pareja. No se trata de manipular, sino de entender por qué lo hace para aumentar las posibilidades de que ambas partes puedan satisfacer completamente sus necesidades.

La cultura masculina no es igual a la cultura femenina. Conforme a la explicación del Dr. John Gray hace más de veinticinco años atrás en su libro más vendido a nivel internacional *Los hombres son de Marte, las mujeres son de Venus* (un clásico que todavía resulta relevante hoy, a pesar de que fue uno de los primeros libros que examina la mentalidad diferente de los hombres y las mujeres), los hombres no son mujeres y las mujeres no son hombres. Una vez que entendamos las diferencias entre los dos géneros, podremos solucionar muchos problemas en las relaciones.

Permítame ser clara. Llevamos vidas ocupadas, y yo sería la última persona en agregar otra cosa a su lista de tareas. No estoy hablando de hacer más, sino en realidad de hacer menos y de una manera diferente. Considérelo como si tuviera que aplicar sus mejores habilidades interculturales en cada interacción con su pareja.

John Gray sugiere que los hombres necesitan sentir que sus mujeres los consideran un héroe. Es algo genético. Constituye una parte de lo que son. «Esencialmente», dice Gray, «los hombres no se sienten motivados sin alguna recompensa».

A decir verdad, ¿quién no quiere sentirse así? Todos deseamos ser recompensados por el buen trabajo que hacemos. Las mujeres tienden a encontrar su recompensa a través de la conexión, mientras que los hombres tienden a encontrar su recompensa a través de la acción. Esa diferencia en particular puede ocasionar bastantes problemas si pasamos por alto cómo cada uno experimenta la recompensa que busca. Gray sugiere que los hombres y las mujeres son motivados por causas muy diferentes. «Los hombres se sienten motivados cuando son necesarios, mientras que las mujeres se sienten motivadas cuando son valoradas». ¿Comprende esto?

Es posible que se haya preguntado alguna vez: «¿Por qué necesito a un hombre?». Según Gray, las mujeres necesitan a los hombres para que ellas no tengan que hacerlo todo solas. Las mujeres necesitan a los hombres para sentirse apoyadas a fin de poder ser lo que desean ser. No se trata de una *code-pendencia*, sino que es una *interdependencia*.

Los hombres se sienten atraídos por las mujeres que les hacen sentir que son realmente afortunadas por estar con ellos, como si fueran muy favorecidas al estar con un hombre fabuloso. Gray afirma que el hombre quiere sentir que usted se siente la mujer más afortunada del mundo, ya que él tiene algo que puede hacerla realmente feliz. Él desea ser la llave que concuerda con su cerradura o, según un cuento de hadas, el portador del calzado que tiene la medida correcta justo para usted.

Cuando un hombre puede proveer para usted, ya sea apoyo emocional, sacando la basura, pintando la casa o cocinando una buena comida, decirle cuánto disfruta ese tipo de apoyo, cuán feliz la hace, le hace sentir muy contento.

## La forma en que el hombre habla

Según un equipo de investigadores de la Universidad de Pennsylvania, el cerebro de las mujeres literalmente funciona diferente al de los hombres. Mientras que la corteza femenina tiende mayormente a conectarse entre los hemisferios derecho e izquierdo, algo que fomenta la intuición y el procesamiento emocional, la corteza del hombre se conecta más a las áreas posteriores del cerebro, como el cerebelo, lo cual permite una mayor coordinación entre la percepción y la acción.[1] Si sabemos que nuestras diferencias de pensamiento provienen de nuestra fisiología, podremos encontrar una manera, a través de técnicas sencillas, para entendernos mutuamente.

Ahora vuelva a respirar profundo, porque lo que le diré puede hacerle pensar que tiene que hacerlo todo por sí sola. Sin embargo, no tiene que ser así. Comprender cómo piensan los hombres facilitará la manera en que se relaciona con ellos. Sabemos que las mujeres tienden a ser más fuertes en lo que respecta a formar vínculos emocionales, por esto podemos utilizar esa habilidad para nuestro beneficio. Ese es el punto del ejercicio siguiente.

Por ejemplo, cuando usted le pregunta algo a su pareja, siga el consejo de la experta en relación, Alison Armstrong. Ella sugiere que coloque una cinta adhesiva imaginaria sobre su boca. Déle todo el tiempo que él necesita para responder. Los hombres prefieren hacer una cosa a la vez. Si le hace dos preguntas al mismo tiempo, lo confundirá. Mi amiga una vez le pidió a su esposo que bajara la ventanilla del vehículo y también le dijo a la vez que tomara la salida. En consecuencia, él casi se desvía de la carretera.

Cuando su pareja le pregunte algo, no replique con otra pregunta. Literalmente, él necesita una respuesta completa que pruebe que lo está escuchando antes de decir otra cosa. Según John Gray, debe repetir una frase como «bueno, eso tiene sentido», o «esa es una buena idea», o «háblame más del asunto». Después, comparta su opinión acerca de lo que él dijo. John Gray afirma que los hombres se conectan con su pareja cuando sienten que ella está escuchando.

Gray asegura también que su tono de voz es un componente crítico de una buena comunicación. Si su voz tiene un tono emocional que transmite que se siente frustrada u ofendida en vez de feliz y contenta, un hombre tiende a exagerar mucho el significado de su entonación. De repente, mediante su propio malentendido, sentirá que ya no es el héroe. Los héroes caídos son pésimos oyentes, amantes y amigos.

Eso no quiere decir que debe pretender que todo está bien y que no debe compartir sus sentimientos. Comunicar las emociones es crítico para la salud de cualquier relación. Solo se requiere un ambiente adecuado para evitar malentendidos. En las ocasiones en que tenga que decir algo solo para compartir sus sentimientos, comience con un simple preludio como: «Cariño, necesito hablar de mis sentimientos por unos minutos y luego me sentiré mucho mejor. Solo quiero que me escuches. No tienes que resolver nada; y en realidad no tienes que cambiar nada. Solo quiero que seas un confidente para compartir mis sentimientos». Entonces limítese a hablar por unos diez minutos y concluya señalando: «Gracias, solo necesitaba decir eso». Al actuar de esta manera, él comprenderá que usted puede estar emocionalmente enojada por las cosas, pero luego recuperarse rápidamente.

## Descubriendo al héroe interior de su pareja

¿Recuerda a la hermana de mi amiga, Leslie? ¿La que estaba atrapada en un ciclo interminable de quejas por los desórdenes y cada vez se encontraba con la resistencia de su esposo? Probablemente usted se halla en una posición similar, pidiéndole a su pareja que saque la basura o recoja su ropa sucia. Quizás empleó un tono de voz muy suave a través de los años, o tal vez protestó un millón de veces de manera obvia y aguda. De una u otra forma, no funcionó, ¿verdad?

Nuestra frustración proviene de otro mito con el que poco a poco nos han alimentado. «Si realmente me amara, sabría lo que quiero y necesito de él». ¿O qué le parece este otro? «Si tan solo me prestara atención, y si realmente quisiera hacerme feliz, es obvio lo que tiene que hacer».

Solo que no resulta obvio. Es como si un holandés hablara con un alemán. Los sonidos parecen similares, pero frecuentemente las palabras tienen un significado diferente. Los hombres no escuchan lo que decimos de la manera en que creemos que deben oírlo. Pensamos que hablamos su lenguaje, pero en realidad no es así. Decimos «malva» y ellos oyen «rosado».

Para evitar malentendidos, un leve cambio en la expresión puede hacer una gran diferencia. Supongamos que tiene hambre. Así que le dice a su pareja: «¿Te gustaría salir a cenar esta noche?». Sin embargo, su pareja no entiende que usted está pidiéndole ir a cenar a un restaurante. Más bien interpreta que no quiere cocinar para él. Aunque usted está segura de que le ha dicho lo que quiere, él está pensando en otra cosa. Escucha las palabras, pero deduce un significado completamente diferente. ¿Por qué ocurre esto?

Esta es la razón: lo que motiva a los hombres no es lo que motiva a las mujeres. Primero y principalmente, los hombres quieren que se respeten sus pensamientos, de igual manera sucede con las mujeres, pero también para ellos es importante saber lo que sus acciones proveen para nosotras.

Armstrong, en su exitoso libro *El código de la Reina*, explica esto de la siguiente manera: «Para un hombre el valor no está en hacer solamente, sino en qué valor tiene lo que hace». Con esto él quiere decir que pedirle a un hombre que haga una tarea en particular sin explicarle el beneficio que eso «provee» para usted, no lo hace sentir un héroe. Todo lo que al hombre le importa es ganar puntos y no hacer algo solo por hacerlo. Los hombres realmente necesitan entender el «beneficio» de lo que hacen por usted. «Proveer» les da un propósito. Naturalmente, los hombres quieren proveer para las mujeres, pero en la actualidad hay muchas mujeres acostumbradas a proveer para sí mismas. El resultado es una forma de castración para ellos. Entonces se encierran en sí mismos, ya que creen que no tienen nada con lo que contribuir. Así que piensan: ¿Por qué hacerlo si mi esposa lo puede hacer? Ella no me necesita. Y el ciclo de malentendidos continúa.

En una entrevista con Alison, ella me dio otro ejemplo muy útil de cómo evitar este tipo de malentendidos. Supongamos que le dice a su pareja: «¡Cariño, vamos al cine esta noche!», y él responde simplemente con una negativa. Puede que su respuesta la haga sentir herida y rechazada.

No obstante, aquí está el punto. La razón por la que se rehúsa no es la que usted considera. Él está pensando: *Es viernes en la noche. Estoy cansado. Solo quiero relajarme.*

Aunque esto sea la verdad y la ayude a entender lo que su pareja realmente piensa, él no lo compartirá con usted, porque según Alison no es natural que los hombres den una explicación. De modo que acaba sintiéndose como si él no quisiera pasar tiempo con usted. Sin embargo, de ninguna manera ese es el caso. El punto está en el tipo de lenguaje que usted emplea para obtener el resultado que busca.

Un enfoque de mayor alcance podría ser: «Cariño, me gustaría pasar tiempo contigo, ¿podríamos ir al cine este fin de semana?». El lenguaje que orienta a resultados le da a su pareja la información que está buscando. Él necesita saber el efecto que su acción tendrá en usted. Cuando se hace la pregunta de esta manera, él no está limitado a «esta noche»; tiene opciones y comprende que usted está pidiéndole pasar tiempo juntos.

La experta en matrimonio, la Dra. Patricia Allen, afirma que el deseo secreto de un hombre es ser respetado. El entrenador en relaciones Mat Boggs amplía la idea mucho más... ¡asegurando que la mayoría de los hombres prefieren ser respetados que tener sexo! Él afirma: «Tenemos un profundo deseo de proveer y hacer felices a las mujeres».

Así que no se trata de que nuestra pareja no desee nuestra felicidad. ¡Es todo lo contrario! Cuando aprendemos a hablar de una manera en que pueden oírnos, sin duda harán lo que sea necesario para que seamos más felices.

Veamos algunos ejemplos:

1.  Usted quiere que él recoja la basura. La próxima vez que se lo pida, dígale así: «Cariño, cuando recoges la basura, me siento como una poderosa reina que es adorada y amada por su rey, el cual me libra para que no tenga que lidiar con esos basureros pesados y malolientes».

2.  Usted quiere que cierre la puerta del garaje: «Cariño, cuando la puerta del garaje está cerrada, me siento segura y protegida en nuestro hogar, y sentirme segura y protegida me hace feliz».

3.  Usted quiere que él haga las reservaciones para cenar sin que le pregunte a dónde quiere ir: «Cariño,

después de trabajar todo el día y tomar billones de decisiones, me siento amada y como una gran dama cuando decides a dónde iremos a cenar. Me siento como en los primeros días de nuestras citas juntos, cuando planeabas salidas nocturnas especiales para nosotros». Otro enfoque exitoso para este tipo de pedido puede ser este: «Me encantaría ir a cenar contigo esta noche. Aquí tienes tres opciones de los restaurantes a los que me gustaría ir. ¿Quisieras decidir y luego sorprenderme?».

Otro ejemplo podría ser algo con lo que la mayoría de las mujeres tiene que lidiar: lograr que baje la tapa del inodoro. Pedírselo siempre, persuadirlo y demandárselo al parecer nunca funciona. Lo mismo sucede cuando hay que arreglar la cama. Ya sea que se trate de bajar la tapa del inodoro o arreglar la cama, las mujeres no consiguen el resultado que esperan.

Armstrong dice que a lo primero que debe renunciar es a «la expectativa de que una "tapa bajada" es lo correcto y una "tapa levantada" es incorrecto». Dejar la tapa del inodoro levantada es algo que resulta eficiente para él. Mantener la cama desarreglada es eficiente para él. El punto con los hombres es lograr la eficiencia. Aunque puede que se irrite y se enoje con él por no hacer estas cosas, eso no lo asusta, y no las hará solo para evitar que usted se enoje. Lo que él necesita son *buenas* razones para bajar la tapa del inodoro y arreglar la cama. A fin de que haga esto, debe explicarle el beneficio que tienen estas acciones para usted.

He aquí cómo Alison resolvió el problema con su esposo en cuanto a bajar la tapa del inodoro. Ella comenzó diciendo:

«¿Es este un buen momento para decirte algo que realmente necesito?». Después, le explicó tres cosas:

1. «Para mí el inodoro en realidad es algo repugnante. Para bajar la tapa del mismo, debo tocarlo, ¡y eso se convierte en una experiencia desagradable!».

2. «En medio de la noche, con frecuencia tengo que mantenerme bien atenta. Cuando la tapa está levantada, termino sentada en el inodoro y mi trasero toca el agua fría, eso es terrible».

3. Cuando él respondió: «¿Por qué no enciendes la luz?», ella replicó: «Si enciendo la luz, me despierto y luego no puedo volver a dormirme». También le comentó que al bajar la tapa del inodoro, lo consideraría su héroe, quien la protegería de todas esas malas experiencias. Inmediatamente, Greg estuvo de acuerdo. Alison lo observó y comenzó a expresarle su aprecio todas las veces que notaba bajada la tapa del inodoro. ¡El problema quedó resuelto!

¿Qué sucede cuando usted no pide lo que quiere o necesita? ¿Qué sucede cuando refrena su rabia interior a punto de explotar? Alison dice:

Hay un gran mito de que las mujeres creen que los hombres son como nosotras y hacen las cosas (y no las hacen) por las mismas razones que nosotras. Instintivamente, las mujeres sobreviven siendo «más afables y menos desagradables». El cerebro de la mujer tiene una base de datos que registra lo que otros prefieren. Notamos como otros toman su café, que siempre utilizan pimiento en la comida, o que prefieren ciertos tipos de bromas. Cuando escuchamos que un hombre habla y dice: «Y después no pude encontrar mis calcetines», hacemos una lista mental para comprarle más calcetines. Las mujeres siempre están buscando maneras de agradar. Creemos que reunimos esta información debido a que los amamos, pero en realidad se trata de un instinto muy primitivo.

Cuando un hombre no sabe lo que necesitamos, erróneamente pensamos que no le importamos lo suficiente. Aunque ya usted le ha dado varias señales de lo que le gustaría recibir, él no las entiende, porque su cerebro no funciona de esa manera. Las sugerencias y sutilezas no son sus amigas. Lo que funciona es ser específica acerca de lo que quiere y también sobre lo que eso hace por usted.

Cuando no hacemos esto, creamos un resentimiento en ambas partes. Él quiere hacerla feliz. Sin embargo, si no le dice qué la hace feliz, entonces él no sabrá cómo lograrlo. Anula su confianza en que él podrá siempre hacerla feliz. Como resultado, entra en un estado de evasión, gastando menos tiempo y dinero para hacerla feliz, porque usted no le ha dado la información que puede comprender. En realidad, es posible que también comience a evitarla.

Si él trata de descubrir lo que usted quiere y fracasa en el intento, la escala descendente continúa, ya que usted no es feliz; al mismo tiempo, ahora él considera sus intentos como una mala inversión de su tiempo y energía. Si él siente que nunca la hará feliz, entonces el final tiene lugar en su cerebro.

Él cambia su forma de pensar a: «Nunca puedo ganar», y trata de no hacerla enojar para disminuir la experiencia de «perder». Este es el momento en que los hombres empiezan a mentir para que usted no se enoje.

Puede que suene como una locura, pero tal tipo de conducta es más común de lo que piensa. La manera de ponerle fin a esto es pidiéndole lo que necesita de una forma en que su pareja pueda en realidad entenderla.

Pedir lo que necesita quizá no es naturalmente fácil para usted, así que resulta importante prepararse bien con antelación. En la próxima oportunidad que tenga que pedirle algo a su pareja, Alison Armstrong sugiere que se pregunte a sí misma lo siguiente:

- ¿Cómo esto me hace sentir?

- ¿Qué podré ser o quiero ser?

- ¿Qué podré hacer o estaré dispuesta a hacer?

- ¿Cómo esto cambiará mi vida?

- ¿Cómo cambiará mi experiencia de esta situación?

Y luego, después de que su pareja haya hecho lo que le ha pedido, no olvide de expresarle de manera verbal y clara su aprecio. Probablemente esté viviendo como si él debiera ya «saber» que sacar la basura la hará feliz, pero no es así como funciona. *Es necesario que usted exprese claramente lo que le provee su petición.* Esta nueva forma de comunicación necesitará algo de práctica, y Alison recomienda que la cultive con todos los hombres de su vida, no solamente con su esposo.

Es bien claro que los hombres tienen diferentes expectativas y necesidades que las mujeres. A veces la satisfacción de sus necesidades parece oponerse a la nuestra. Eso puede resultar turbador y amenazante, pero una vez que sabemos el origen de su comportamiento, podemos tener la perspectiva adecuada.

## Lo que los hombres desean más que el sexo

¿Le sorprende pensar que los hombres desean algo más que el sexo? Es cierto. La idea me hizo enfrentar mis propios estereotipos y creencias difundidos por los medios de comunicación como que «el sexo vende» y «los hombres quieren sexo más que nada en la tierra».

Esto simplemente no es cierto. La primera vez que le escuché decir tal cosa a mi amigo y experto en relaciones Mat Boggs, casi me desmayo. No podía creer lo que estaba escuchando cuando me aseguró que más que cualquier otra cosa los hombres desean *respeto*.

Las investigaciones muestran que los hombres prefieren que sus esposas los amen menos en vez de que les falten el respeto. Shaunti Feldhahn, un columnista de un periódico nacionalmente afiliado, autora y conferenciante, escribió un fabuloso libro titulado *Solo para mujeres: lo que usted necesita saber de la vida interior de los hombres*. Después de entrevistar a más de mil hombres, ella cuenta la sorprendente verdad que descubrió acerca de ellos. Feldhahn descubrió que los hombres quieren y necesitan ser respetados tanto en privado como en público.

Sin embargo, ¿qué es el respecto para un hombre? Una definición básica de respeto es «una admiración profunda por una persona a la que usted le tiene gran estima o trata bien».

John Gray resalta también que los hombres se sienten respetados cuando pueden ser su héroe. Él afirma que cuando una mujer expresa su aprecio por su hombre, hace que él se vincule más con ella. Además, Gray afirma que tener alta estima por alguien no solamente demuestra respeto, sino también lo honra y le hace sentirse seguro con usted. Gray señala: «Una de las maneras más simples de mostrar respeto por su pareja es esta: a los hombres nos gusta que se respete y honre nuestra manera de pensar. Cada vez que nos dicen "esa es una gran idea" o "lo que dijiste es fabuloso", ¡nos levantan el ánimo!

Dicho de forma sencilla, su pareja quiere escuchar acerca de todas las cosas que está haciendo «correctamente» y todas las maneras en que la está haciendo feliz. Él se siente muy respetado cuando lo reconoce ante sus amigos y familiares, y además usted recibe puntos extras:

Boggs ofrece las principales cuatro formas del respeto:

1. Cumpla los acuerdos. Cumpla lo que promete.

2. Escuche y atienda sus mensajes.

3. Si debe hacerle una sugerencia válida, siempre hágalo en privado.

4. Reconózcalo públicamente.

> En cualquier relación que funciona, hay un Yo, Tú y Nosotros. En una relación íntima, el objetivo es continuar creciendo personalmente y también como pareja. No tiene que dejar de ser quien es o quiere ser por el bien de la relación.
>
> *Otto Collins*

Mirando esta lista a fin de mostrarle respeto a su pareja, resulta claro que ellos desean lo que nosotras deseamos. Queremos parejas que hagan lo que dicen que harán, que nos escuchen, que ofrezcan un consejo útil que no nos hiera como una crítica negativa, y que nos celebre y reconozca ante otros.

Si queremos las mismas cosas, ¿por qué nos cuesta tanto ver esas necesidades en la otra persona? No es la sustancia la que difiere, sino la forma que toma. La verdadera diferencia está en cómo lo decimos y no en la intención que lleva.

## Tiempo a solas

¿Ha notado que a veces su pareja decide «desaparecer» física o emocionalmente después de una noche de deleite o un fin de semana juntos? ¿O que a veces ocasionalmente se desconecta sin alguna razón aparente?

Esto es perfectamente normal, un tipo de conducta que a menudo se conoce como «tiempo a solas». Es un tiempo en que un hombre necesita desconectarse y restaurarse a sí mismo. Tal concepto no es nuevo. El Dr. John Gray presentó esta noción hace más de veinte años atrás en su libro *Los hombres son de Marte, las mujeres son de Venus*. Gray compara el ciclo de intimidad de un hombre con una banda elástica: «Cuando se apartan, pueden extenderse solo hasta cierto punto antes de regresar rápido», me dijo él una vez en una entrevista. «Este ciclo incluye acercarse, separarse, y luego volver a acercarse. La mayoría de las mujeres se sorprende al saber que incluso cuando un hombre ama a una mujer, periódicamente él necesita apartarse antes de volver a juntarse».

Gray señala que las mujeres malinterpretan el alejamiento del hombre, ya que ellas por lo general se apartan por razones diferentes, como cuando se sienten heridas, no confían en que el hombre comprende sus sentimientos o están desilusionadas. Gray asegura que los hombres se apartan solo para satisfacer su necesidad de independencia y autonomía, pero luego de pasar un tiempo a solas, vuelven listos para amar otra vez.

El experto en citas de parejas Carlos Cavallo lo explica de esta manera:

> Por lo general, los hombres se desconectan de una relación para volver a captar su sentido de masculinidad. La mayoría de las veces nada tiene que ver con su esposa. Él simplemente no se siente un hombre completo si está conectado de una forma intensa a una mujer por un período de tiempo muy largo. Así que necesita conectarse en ciclos. Esto se parece mucho a cuando tratamos de volver a respirar normalmente después de hacer ejercicios. El ejercicio nos hace sentir muy bien, pero uno necesita recuperar su aliento para luego volver con un enfoque y una energía renovados.

Cavallo le llama a esto una «desconexión del circuito de retroalimentación».

Lamentablemente, la mayoría de los hombres no trata de explicarles esto a sus parejas o ellos mismos no están conscientes del asunto. Muchas mujeres sienten que su pareja se está apartando, y su alarma emocional comienza a sonar. Algunas incluso experimentan un completo pánico. La solución es muy simple. Primero, debe darse cuenta de que esto es absolutamente normal y preparar un plan para sí misma. No trate de persuadirlo de que no se aparte, no le pregunte cuánto tiempo estará solo, sino más bien aproveche la oportunidad para pasar un tiempo con sus amigas. Por ejemplo, si usted se preocupa por la necesidad de su pareja de pasar tiempo con sus amigos, recuerde lo que dice John Gray. Aunque no siempre nos gusta admitirlo, los hombres necesitan tiempo para sí mismos, así como las mujeres desean pasar un tiempo con sus amigas también.

## El amor requiere confianza

Permitir un tiempo de separación el uno del otro requiere de cierto nivel de confianza, lo cual es un componente clave que puede agregar o sustraer a la salud de su relación. ¿Se ha preguntado alguna vez cuánta confianza tiene en su pareja? En realidad, la confianza surge primero cuando cree en sí misma, así como en el amor: usted no puede amar a otra persona hasta que pueda mostrarse ese mismo nivel de amor a sí misma.

Si se está preguntando en qué punto se encuentra en su relación, considere la siguiente *Escala de la Confianza*, desarrollada en la Universidad de Waterloo por el profesor J. K. Rempel y su equipo. Publicado originalmente en el *Journal of Personality and Social Psychology* [El diario de la personalidad y la psicología social], este cuestionario mide el nivel de confianza en las relaciones cercanas.[2] Abajo aparece una versión adaptada de este cuestionario para ayudarle a determinar sus niveles de confianza. El mismo simplemente sirve para elevar su nivel de reflexión en cuanto a algunas de las causas de los problemas en su relación.

## LA ESCALA DE LA CONFIANZA

*Instrucciones:* Usando la escala de siete puntos que aparece a continuación, indique el grado en que está de acuerdo o en desacuerdo con las oraciones siguientes a medida que las relaciona con una persona con la que mantiene una relación interpersonal cercana. Escriba su calificación en el cuadro que aparece a la derecha de la oración.

| MUY EN DESACUERDO | | | NEUTRAL | | | MUY DE ACUERDO |
|---|---|---|---|---|---|---|
| -3 | -2 | -1 | 0 | 1 | 2 | 3 |

1. Mi pareja ha probado ser de confianza y estoy dispuesta a dejarla participar en actividades que otras parejas consideran muy amenazadoras.

2. Incluso aunque no sepa cómo mi pareja pueda reaccionar, me siento cómoda contándole todo acerca de mí, incluso aquellas cosas de las que me avergüenzo.

3. A pesar de que los tiempos cambien y el futuro sea incierto, estoy segura de que mi pareja siempre estará lista y dispuesta a ofrecerme fortaleza y apoyo.

4. Nunca estoy segura de que mi pareja no hará algo que me disguste o me avergüence. ☐

5. Mi pareja es muy impredecible. Nunca se cómo se portará de un día a otro. ☐

6. Me siento muy incómoda cuando mi pareja tiene que tomar decisiones que me afectan personalmente. ☐

7. He descubierto que mi pareja es excepcionalmente leal cuando se trata de cosas que son importantes para mí. ☐

8. Mi pareja se comporta de manera muy estable. ☐

9. Puedo confiar en que mi pareja reaccionará de manera positiva cuando expongo mis debilidades. ☐

10. Cuando comparto mis problemas con mi pareja, sé que responderá de una manera cariñosa incluso antes de que yo diga algo. ☐

11. Estoy segura de que mi pareja no me engañará, incluso cuando tenga la oportunidad y no haya alguna posibilidad de que sea descubierto. ☐

12. A veces evito a mi pareja, porque es inestable y tengo miedo de decir o hacer algo que pueda crear conflicto. ☐

13. Puedo confiar en que mi pareja cumplirá las promesas que me ha hecho. ☐

14. Cuando estoy con mi pareja, me siento segura
al enfrentar situaciones desconocidas.

☐

15. Incluso cuando mi pareja da excusas que
suenan poco probables, estoy segura de que
está diciendo la verdad.

☐

*Puntuación:* Sume los números y luego divídalos por quince
para tener la calificación final. Un número negativo indica serios problemas de confianza, mientras que un número positivo prueba que tiene mayores niveles de confianza.
Mientras mayor sea el número, mejor será su calificación.

Mi querida amiga Vivian Glyck ha estado casada durante
catorce años. Ella y su marido, Mike, tienen un hijo precioso,
Zak, de doce años de edad, de quien ellos amablemente nos
han permitido ser padrinos. Como en todos los matrimonios, ella y Mike han experimentado todo tipo de altibajos,
que incluyen incertidumbres en los negocios, la lucha terrible de Mike con un cáncer avanzado en su tercera etapa, y su
transición de la enfermedad al bienestar otra vez.

Curiosa por conocer el efecto que este cuestionario
podría tener en una pareja como Vivian y su esposo, le
pedí que lo contestara. Para su sorpresa, ella descubrió al
completar el cuestionario que existían algunos problemas
de confianza en su relación que ella ni siquiera sabía que
estaban allí.

«Normalmente soy una persona bastante confiada»,
me dijo, «pero descubrí problemas sin resolver de años en
nuestra relación, como una falta de integridad en cuanto a

los compromisos asumidos, cambios de horario, o veces en que mi esposo me avergonzaba en público, los cuales me había vuelto cínica y menos confiada».

Ella utilizó un método simple para eliminar estos problemas. «Mediante el descubrimiento de estos aparentemente pequeños pero corrosivos puntos débiles, pude ser más honesta conmigo misma y mi pareja, y llegamos a un acuerdo en lo que es importante para que ambos nos sintamos más seguros y confiados el uno con el otro», concluyó ella.

Sin importar cuál sea su nivel de confianza, está apoyado por las historias que se dice a sí misma acerca de quién cree que es su pareja. Ahora que hemos establecido las diferentes maneras en que los hombres y las mujeres interpretan las relaciones, pasemos a las historias que las avalan.

# TRES

# Transforme su historia

*El amor está compuesto de una sola alma*
*que habita en dos cuerpos.*

*Aristóteles*

En su libro *El cuidado apropiado y la alimentación de los maridos*, la Dra. Laura Schlessinger recuerda una historia que uno de sus oyentes encontró en Internet titulada «Buscando al marido perfecto». La historia se desarrolla en la tienda de «La tierra del marido perfecto», un edificio de cinco pisos al que las mujeres pueden ir para encontrar a su pareja perfecta. En cada uno de los cinco pisos hay hombres con varias cualidades. La regla principal dice que al llegar a cada uno de los pisos, se debe elegir a un hombre de ese piso en particular. Si no escoge a un hombre, puede ir al siguiente piso sin saber con seguridad lo que encontrará. El truco está en que usted no puede volver a los pisos inferiores a menos que planee salir de la tienda sin un marido.

Marianne y Joan, muy buenas amigas de toda la vida, se encontraron para ir juntas a buscar al señor alma gemela a la tienda de cinco pisos. En el primer piso había un pequeño cartel que decía:

ESTOS HOMBRES AMAN A LOS NIÑOS Y TIENEN BUENOS TRABAJOS.

Joan pensó que eso era fantástico, pero ella tenía también curiosidad por ver lo que había en el segundo piso. Marianne la siguió por la escalera que las llevaba al segundo piso, donde hallaron otro cartel más grande que decía:

ESTOS HOMBRES SON MUY GUAPOS, AMAN LOS NIÑOS

Y TIENEN BUENOS TRABAJOS.

Marianne exclamó con deleite: «¡Estupendo! Justamente lo que necesito. Vamos a mirar».

Sin embargo, Joan dijo: «¡No, subamos a otro piso para ver que hay allí!».

Marianne siguió a Joan, aunque algo evasiva. Después de todo, ellas eran las mejores amigas. Y seguro que Marianne tenía razón.

En el tercer piso, las dos mujeres se quedaron muy sorprendidas al encontrar otro cartel aún más grande. Esta vez el cartel decía:

ESTOS HOMBRES NO SOLAMENTE SON MUY GUAPOS, AMAN LOS

NIÑOS Y TIENEN MUY BUENOS TRABAJOS... ¡SINO QUE TAMBIÉN

SON FELICES CUANDO AYUDAN CON LAS TAREAS DE LA CASA!

Marianne se quedó boquiabierta. Su entusiasmo aumentó, pero ella percibía que Joan estaba más curiosa aún por ver lo que había en el siguiente piso. Así que estuvo de acuerdo en subir al piso superior para averiguar qué otras cualidades podían conseguir con el marido.

El cartel del cuarto piso, un poco más grande del resto que habían visto, por poco las dejó sin palabras, pues decía así:

**LOS MARIDOS DEL CUARTO PISO SON MUY GUAPOS, AMAN A LOS NIÑOS, TIENEN BUENOS TRABAJOS, DISFRUTAN AYUDANDO EN LOS QUEHACERES DOMÉSTICOS... ¡Y SON INCREÍBLES EN LA CAMA!**

Ahora estaban en una carrera. Nada podía pararlas. Convencidas de que el quinto piso les ofrecería incluso mejores opciones para conseguir un buen marido, Marianne y Joan confiadamente subieron las escaleras hasta el último piso. Allí encontraron un cartelito rasgado que decía:

ESTE PISO OFRECE UNA PRUEBA DE QUE LAS MUJERES SON IMPOSIBLES DE COMPLACER.

Quizá usted no se identifique con esta historia, y tal vez está satisfecha con la mayoría de las cualidades de su pareja. No obstante, mi suposición es que ha tenido un momento o diez de su vida en los que deseaba más de lo que su compañero podía ofrecerle. Usted salió de la tienda sintiéndose con las manos vacías y de alguna manera engañada. Se supone que la vida no sea de esta manera.

A menudo las mujeres crean expectativas no razonables cuando se trata de sus relaciones. En lugar de honrar y celebrar a la persona que tienen, se convierten en misiles sensibles al calor llenos de críticas y acusaciones. En su mundo imaginario perfecto, esperan completamente tener el marido perfecto. La historia que han creado se llama «El marido perfecto». Sin embargo, el «marido perfecto» no es real. El «marido perfecto» es el ídolo que han creado en sus propias imaginaciones. Cuando la gente sigue este patrón de pensamiento, el resultado final es inevitable. La rabia, la decepción y el resentimiento surgen cuando la historia, en su opinión, queda sin cumplirse.

Esto es lo que los seres humanos hacemos. Forjamos historias de cómo deben ser las cosas. No obstante, ¿qué pasaría si tuviéramos que cambiar la trama por completo? Como directores de nuestra propia película, tenemos la opción. La pregunta es si poseemos el coraje para dar ese paso de fe.

Uno de mis dichos favoritos es que vivimos en un «mundo de tanto/como». Es tanto de la manera que usted dice que es, *como* de la manera que yo digo que es.

Nuestra percepción de la vida y el mundo es muy personal. Está formada por nuestra interpretación de lo que ha sucedido. Dos personas pueden ser testigos de un accidente, pero dar diferentes explicaciones de lo que vieron. Ambos creen que están diciendo la «verdad», porque para ellos es *su* verdad. Sin embargo, sabemos que cada historia tiene dos o más verdades.

A medida que crecemos, constantemente tratamos de darle sentido al mundo que nos rodea. Durante nuestro proceso de maduración, hacemos lo mejor que podemos con nuestra mente joven, todavía en desarrollo. Con frecuencia

> El alma es la verdad de quienes somos. La luz, el amor que está en nosotros. Miguel Ángel dijo cuando consiguió un gran pedazo de mármol que la estatua ya estaba en él. Su trabajo era solo eliminar el exceso que no correspondía a la estatua. Nuestro trabajo es desechar todo exceso, el temor inútil que se esconde tras la luz de nuestra alma.
>
> *Marianne Williamson*

malinterpretamos lo que en realidad está sucediendo y concluimos que algo malo está pasando. Incluso peor, a menudo pensamos que es nuestra culpa.

¿Cuál es la historia que la define? Todos tenemos unas cuantas historias. Apuesto a que usted incluso puede señalar el momento exacto en que experimentó algo que formó el sistema de creencias acerca de sí misma que ha tenido toda su vida. Para mí fue un momento en la vida que nunca olvidaré.

El suceso que le dio forma a los primeros cuarenta años de mi vida sucedió cuando yo tenía tres o cuatro años de edad. Estaba asistiendo a la reunión de un templo con mi familia. El presidente del templo, Sy Mann, se encontraba sentado frente a nosotros. Varias personas en la congregación conversaban entre sí mientras el rabino hablaba. Entonces le escuché decir a la persona que estaba a su lado que deseaba que todos se callaran.

No sé qué me impulsó a hacer esto, pero comencé a caminar de un lado para otro por los pasillos con mi precioso vestido rosa y mis zapatos de charol, gritando con todas las fuerzas de mi pequeña voz: «¡Sy Mann quiere que se callen!».

Y después de decir eso, cientos de personas giraron la cabeza y se rieron de mí. Me sentí avergonzada, devastada, humillada y confusa. Mi decisión inmediata fue que nunca más volvería a atraer la atención hacia mí. Y de seguro no le hablaría a una multitud. Nunca.

Años después, en la universidad, me inscribí a fin de tomar un curso básico de oratoria pública. Por supuesto, pararse frente a la clase para hablar era parte esencial del plan de estudio. En mi primer intento de hablar en público, me dirigí al podio y de inmediato me desmayé.

En mi segundo intento, caminé hasta el podio y antes de que pudiera decir cinco palabras me desmayé.

En mi tercer intento frente al grupo, de nuevo me desmayé. Entonces el maestro me sacó de la clase. Él ya no lo podía soportar. Tampoco yo.

Mi creencia de la infancia de que hablar en público o ante un grupo de personas resultaría en mi humillación y vergüenza se convirtió en «mi historia». Como con cualquier historia basada en las heridas del pasado que nos decimos a nosotros mismos, la mía tuvo un fuerte efecto negativo a largo plazo en mi vida.

Muchos años más tarde llevamos a cabo un proceso en un taller para descubrir la «historia» que formó nuestra vida, y esta memoria antigua del incidente del templo salió a la superficie. Vi que tal «historia» impedía que me desarrollara al máximo potencial en muchos niveles. No solo era incapaz de hablar en público, sino que a menudo hacía lo imposible para no ser notada, permaneciendo en segundo plano y fuera del centro de atención. Como publicista, mi carrera consistía en permanecer «tras bambalinas». Era mi trabajo hacer a las personas visibles y potencialmente famosas. Recuerdo que solía decirles a amigos y clientes que no quería ser famosa, pero sí deseaba poder «susurrar a los oídos del poder».

He pasado décadas atrapada en mi historia, pensando que estaba destinada a llevar una vida «detrás del escenario». Esta historia limitaba mi potencial e impedía toda posibilidad de compartir todos mis dones. En un cierto nivel, era una víctima de mi historia.

Durante el mencionado taller tuve la oportunidad de examinar esta historia y volverla a escribirla. Como adulta, ahora pude entender que todas las personas que se reían de mí ese día en el templo simplemente se gozaban de la audacia de una niña que procuraba hacer algo bueno. Compuse una nueva historia: ese día en el templo lucía preciosa y adorable, y los adultos sonreían como reconociéndome de manera positiva. ¿Cuál historia es la verdadera? ¡Ambas!

Mi vida cambió el día en que cambié mi historia. No se trató de un éxito inmediato, y tampoco me volví una oradora pública estelar. Al mismo tiempo, estaba finalmente dispuesta a iniciar el proceso de aprender a sentirme cómoda frente a una multitud. Fue un ejercicio beneficioso y oportuno, porque inmediatamente después de aceptar mi nueva historia, mi primer libro fue publicado por una de las principales casas editoriales del mundo. Se organizó un viaje por quince ciudades con entrevistas por radio y televisión, y tuve muchas oportunidades de firmar autógrafos. Era hora de que me situara en el centro de atención. Esta transformación ocurrió mucho antes de que conociera a Brian. Lo malo fue que el recorrido por las ciudades promoviendo el libro no me preparó para ser una gran esposa y compañera. Esa fue una decisión que primero tuve que aprender a tomar.

## El amor es una decisión

En una conferencia TED, Brené Brown, el profesor de investigación de la Universidad de Houston, afirma que la vulnerabilidad es la única manera de crear intimidad. «Si deseamos tener un reencuentro del uno con el otro, la manera de lograrlo es mediante la vulnerabilidad».[3] Ciertamente, la intimidad es el fundamento para cualquier relación. Sin embargo, ambas partes deben estar dispuestas a sincerarse para alcanzar ese nivel de intimidad. El amor se basa en una decisión de ser muy vulnerable con otra persona. El amor no es algo que le sucede. Usted escoge sentirlo.

Siendo una persona que «necesita tener siempre la razón» en recuperación, crecí en una época y un hogar donde no cometer errores era muy apreciado. Desde mi primer día en la escuela supe que levantar la mano y tener la respuesta «correcta» significaba que era inteligente. En el hogar, tener la respuesta «correcta» significaba que era amada por ser inteligente. Estaba condicionada a creer que cuando tenía la razón, era lo suficiente buena para ser amada. ¡Gran impulso del ego! Pero eso era todo lo que proporcionaba. Tal cosa no alentó en absoluto mi confianza a largo plazo.

A medida que crecía y maduraba, descubrí que hay algo mucho más importante que «tener la razón». Y es ser «amada». Descubrí que cuando estaba comprometida a tener la respuesta «correcta», de alguna manera siempre mostraba que otro estaba «equivocado». Y como sabrá, sentir que una está equivocada no concuerda bien con sentirse amada.

La experta en relaciones y amiga del alma Heide Banks estaba considerando una vieja pelea que había tenido con su ahora antiguo marido después de que ella le pidiera que comprara unos suplementos de hierro en la farmacia y él lo olvidara. Heide le mencionó el incidente a su amigo Nat en cierta ocasión en que le preguntó por qué él pensaba que ella estaba pasando por un tiempo tan difícil en sus relaciones.

—Una palabra: hierro líquido —dijo Nat.

—Esas son dos palabras —replicó Heide.

—¡Exactamente! —contestó Nat.

En ese momento, Nat le mostró a Heide que su deseo de «tener la razón» interfería con su deseo de ser amada.

«Creo que esa fue la última vez que corregí a un hombre», comentó Heide más tarde.

Después de esa ocasión, ahora Heide está felizmente enamorada de su alma gemela y disfrutando de la vida.

A muchos de nosotros nos gusta asumir una posición rígida y «plantarnos firmes» para pelear por un punto de vista y probar que «tenemos la razón»... a menudo con relación a algo muy tonto.

Por fin, a través de los años, aprendí a controlar mi mente y mi boca. He aprendido que la mayoría de las veces no es necesario «corregir» a nadie sobre lo que creo que está correcto o equivocado a menos que sea realmente pertinente para el bienestar de alguien. Ahora, cuando estoy a punto de decir algo para «tener la razón», me detengo, coloco una banda imaginaria sobre mi boca, y escojo amar.

## Decidir amar es una acción

Todos los grandes electrodomésticos, vehículos y aparatos electrónicos vienen con un manual. A menudo, se trata de una guía que nos indica paso a paso cómo encenderlos, apagarlos y arreglarlos cuando se descomponen. Imagine si su alma gemela viniera con ese manual, la guía completa para el cuidado de toda la vida y el funcionamiento de la persona amada, una guía que le explica cómo, cuándo y dónde hacer que se vuelvan realidad todos los sueños de su alma gemela.

Muchos años atrás me encontraba sentada en un taller sobre el crecimiento personal, cuando el instructor, Herb, comenzó a compartir una historia acerca de su nueva esposa, Elizabet. Ella es una mujer a quien los detalles le importan mucho. Usted puede hacerla muy feliz solo dándole una hermosa tarjeta y escribiendo en ella palabras de amor y aprecio. Sin embargo, Herb, que estaba locamente enamorado de Elizabet, justo no lo entendía. Él estaba seguro de que ella estaba perfectamente feliz «sabiendo y oyendo» cuánto él la amaba, pero para Elizabet «saber» no era lo mismo que «ver».

Entonces, debido a su frustración, ella escribió un «manual» breve para que él tuviera instrucciones explícitas de cómo mantenerla sonriente. Elizabet no solo quería muchas notas cariñosas, cartas de amor y tarjetas de saludos; ella también tenía peticiones específicas en cuanto al tipo de flores y regalos que deseaba recibir. Herb en realidad no la entendía «por qué tanto escándalo», pero le entusiasmaba la idea de recibir instrucciones. En su deseo de mantener a su esposa muy feliz, comenzó a llenarla de notas, tarjetas y pequeños regalos. Como resultado, Elizabet recibió lo que necesitaba para sentirse amada, apreciada y adorada. Esto ocurrió hace más de treinta años atrás y ellos todavía continúan felizmente casados.

Cuando escuché la historia por primera vez, tuve un momento de iluminación y pensé que cada relación necesita este tipo de «manual». Así que busqué a Elizabet y le sugerí que escribiera un libro sobre esto. Ella a la vez me propuso que lo hiciéramos juntas. En ese punto de mi vida, yo era soltera y nunca había considerado escribir un libro, pero estaba tan enamorada de la idea que accedí; siendo una publicista corporativa, escribir era fácil para mí. Para resumir la historia, en 1992 escribimos el libro y recibimos una oferta de una casa publicadora, aunque luego decidimos publicar por nosotras mismas *El manual: La manera rápida, divertida y fácil de saber y entender a tu amante.*[4] Rápidamente aprendí cómo comercializar un libro, y el mismo se convirtió en un éxito que me lanzó a una nueva carrera como publicista de libros y agente literaria.

¿Por qué fue un éxito el libro? Porque les daba a las parejas una manera segura de compartir todas las pequeñas cosas de la vida que eran importantes para ellos. Les daba un medio para entender las necesidades de cada uno de una forma totalmente diferente. No importaba si habían estado casados por diez minutos o diez años. Compartir esta información se convirtió en un modo de aprender el uno del otro acerca de sus fantasías, necesidades y deseos.

## Cómo aprender a hablar el mismo lenguaje del amor

Todos expresamos y recibimos mensajes de amor de manera diferente. Descubrir cómo usted y su pareja experimentan el amor puede ayudar muchísimo en el fortalecimiento de su relación. Mi libro favorito sobre este tópico es *Los cinco lenguajes del amor: El secreto del amor que perdura*, de Gary Chapman.

Después de cuarenta años como consejero de matrimonio y familia, el Dr. Chapman había escuchado las quejas de muchas parejas. A partir de estas quejas, el doctor Gary comenzó a observar un patrón. Lo que continuamente oía eran las mismas historias una y otra vez. Cuando consideró sus notas de más de una década, descubrió que lo que las parejas realmente deseaban el uno del otro se correspondía con cinco categorías distintas:

1. Palabras de afirmación: elogios o palabras de aliento.

2. Tiempo de calidad: atención completa a la pareja.

3. Dar regalos: símbolos de amor como las flores o los chocolates.

4. Actos de servicio: poner la mesa, sacar a pasear al perro o hacer pequeñas tareas.

5. Contacto físico: tener relaciones sexuales, tomarse de las manos, besarse.

Según el concepto, la manera en que usted se *siente* amada es también la manera en que *expresa* su amor.

A fin de descubrir el lenguaje de amor principal de su pareja, se requiere que escuche con atención, tanto las respuestas positivas como las quejas. En el caso de Elizabet, ella estaba completamente segura en cuanto a lo que deseaba y necesitaba de Herb. No tenía miedo de pedirle lo que deseaba. Aunque Herb todos los días le decía cuánto la amaba y lo hermosa que era, ella seguía frustrada y no se sentía «amada», porque él nunca le dio notas de amor, tarjetas y regalos. No fue sino hasta que ella compartió con él sus necesidades que Herb comenzó a entender mejor cómo ella recibía el amor.

El lenguaje de amor principal de Herb se expresa por medio de Palabras de Afirmación. ¿Cómo sabemos esto? Porque eso fue lo que principalmente le ofrecía a Elizabet. Herb le decía palabras de amor porque era lo que él necesitaba más.

Cuando leí por primera vez este hermoso libro, respondí el cuestionario y descubrí que había un empate entre mi principal lenguaje de amor y el segundo: soy una mujer que necesita Palabras de Afirmación y Contacto Físico. Mi esposo Brian tiene dos formas de lenguaje de amor, que son Palabras de Afirmación y Tiempo de Calidad. Incluso si usted y su pareja tienen un lenguaje de amor completamente diferente, puede aprender a hablar el idioma de amor de su pareja. Es muy simple: usted tiene una manera particular de experimentar el amor. Puesto que solamente puede recibir amor de esa manera, es probable que dé amor también de ese mismo modo. Sin embargo, puede aprender a dar amor de otras formas que pueden ser mejor recibidas por su pareja, ya que su pareja tiene su propio lenguaje de amor. Aprender cómo usted y su pareja experimentan el amor es el método para que ambos den y reciban amor plenamente. Mediante una decisión consiente, puede escoger hablar el lenguaje de su pareja cada día. Este es uno de los métodos más rápidos para unirlos mejor. (El Dr. Chapman ofrece un cuestionario gratuito para determinar su lenguaje de amor en www.5lovelanguages.com.)

> El alma es una parte de nosotros que nunca muere. Es quienes somos en esencia. Y es portadora de todos los mensajes y lecciones que hemos aprendido en el pasado, y portará todos los mensajes y lecciones que llevaremos al futuro.
>
> *Debbie Ford*

Otro de los conceptos del Dr. Chapman que encuentro muy útil es «llenar el tanque de amor». El «tanque de amor» es la metáfora del Dr. Chapman para expresar cuánto amor cada persona está sintiendo.

Él sugiere que se pregunte el uno al otro: «En una escala del uno al diez, ¿qué tan lleno está tu tanque de amor?». Si el tanque de amor de su pareja no está lleno, entonces pregúntele cómo usted puede llenarlo. Mi amigo Jack Canfield, coautor de *Sopa de pollo para el alma*, tiene otra manera de formularle a su esposa, Inga, esta interrogante. Cada semana le pregunta: «¿Qué puedo hacer para que tu vida sea mejor?».

Encontrar maneras de expresar nuestro amor hacia nuestra pareja de modo que no solo pueda aceptar, sino también *oír* lo que usted está diciendo, ayuda a construir un puente de entendimiento. Los malentendidos ocurren cuando el uno le habla al otro con un lenguaje de amor diferente. Identificar cómo nuestra pareja experimenta mejor el amor y estar dispuestos a aprender y luego hablar el lenguaje de amor del otro creará un vínculo indestructible de confianza e intimidad.

A veces necesitamos un intérprete para comprender el lenguaje de la otra persona. Como hemos visto en el Capítulo 2, los hombres y las mujeres a menudo hablan un lenguaje diferente. Y cada persona, ya sea hombre o mujer, tiene su propia preferencia para mostrar y recibir amor. Los sistemas de creencias que traemos a la relación moldean grandemente la forma en que recibimos amor y experimentamos seguridad.

## Escuchando a la sombra

¿Ha escuchado alguna vez a alguien quejarse de otra persona? Las mismas cosas que le molestan de otras personas son aquellas que tememos en nosotros mismos. Observe con cuidado su propia reacción la próxima vez que su pareja haga algo que la moleste. ¿Qué es exactamente? ¿Cómo la hace sentir? Identifique ese sentimiento, porque es su sombra la que habla.

Mi hermana, Debbie Ford, fue una pionera en enseñarles a las personas acerca de su «sombra» o «lado oscuro», las partes de nuestra propia vida que preferimos ignorar y aparentamos que no existen. Es la parte de cada ser humano formada mucho tiempo atrás y que contiene todas las cosas de nuestra propia vida que hemos tratado de esconder o negar, cosas que creemos no son aceptables para nuestros seres queridos, la familia, los amigos y, lo más importante, nosotros mismos. Esta parte está compuesta de todo lo que nos molesta, atemoriza o desagrada de *otras* personas o de nosotros mismos. Como dice el gran psicólogo suizo C. G. Jung, nuestra sombra es la persona que preferimos no ser.

Debbie dedicó su vida a mostrarnos cómo descubrir nuestra sombra, a buscar y encontrar los dones en las conductas y emociones de la sombra, y a aceptar lo que ella llama «el oro en la oscuridad». Ella ha sido la exitosa autora según el *New York Times* de libros tales como *The Dark Side of the Light Chasers* [El lado oscuro de los buscadores de la luz], *The Shadow Effect* [El efecto de la sombra] y *Courage* [Coraje], su última obra. Además, fue una maestra que sabía y creía profundamente que dentro de cada persona hay un ser humano que tiene el poder de ser nuestro maestro, entrenador y guía, el cual nos conduce a la fortaleza, la creatividad, la inteligencia y la felicidad. Sin embargo, si ignoramos a la sombra y no la examinamos, esta parte de nosotros tiene el poder de sabotear nuestra vida y destruir nuestras relaciones, matar nuestro espíritu, e impedir que realicemos nuestros sueños.

Desde su morada invisible muy hondo en nuestra psique, la sombra ejerce gran poder sobre nuestra vida. Ella determina lo que podemos y no podemos hacer y a qué seremos irresistiblemente atraídos. Ella dicta nuestros gustos y nuestras aversiones, y determina a quién y qué amaremos y qué juzgaremos y criticaremos. Nuestra sombra controla cuántos éxitos podremos obtener y cuántos fracasos estamos destinados a experimentar. La sombra es un oráculo que predice todas nuestras conductas, y dirige la manera en que tratamos a los que nos rodean y nos tratamos a nosotros mismos.

Sin embargo, nuestra sombra solamente puede ejercer poder sobre nosotros cuando la mantenemos en la oscuridad. En vez de ser algo que debemos negar, temer o rechazar, la sombra posee nuestros dones más preciados: la esencia de quienes somos. Cuando alumbramos la oscuridad, encontramos escondidos muy profundo los rasgos fundamentales de nuestro verdadero ser, nuestra grandeza, nuestra compasión, nuestra autenticidad. Y a medida que exploramos esta parte de nuestra vida que más tememos, nos liberamos: somos libres para experimentar toda nuestra humanidad, libres para disfrutar nuestra gloriosa totalidad, libres para escoger qué hacer en este mundo. Nuestra sombra nos entrega la bendición de la plenitud de nuestro ser.

Cuando hacemos las paces con nuestra sombra, nuestra vida se transforma. Ya no tenemos que fingir ser lo que no somos. Ya no tenemos que probar que somos lo suficiente buenos. Ya no tenemos que vivir con temor. En cambio, ya que encontramos los dones de nuestra sombra y nos deleitamos en toda la gloria de nuestro ser, finalmente encontramos la libertad para llevar la vida que siempre hemos deseado.

En cuanto al amor, el matrimonio y nuestras relaciones más íntimas, Debbie enseñó que nuestro amado se convierte en nuestro mejor «espejo» al revelarnos y reflejarnos los problemas esenciales y las heridas que más necesitamos sanar. En una entrevista que hicimos unos años atrás, ella lo explicó de esta manera:

Estamos preparados a fin de atraer lo que exactamente necesitamos para ser completos otra vez. Cada persona que entra en nuestra vida es como un espejo, una reflexión de nuestro yo interior. Y lo que puedo aceptar acerca de mí misma, podré aceptarlo en mi pareja. Cuando siento compasión por mí misma, sentiré compasión por mi pareja. Si puedo respetarme a mí misma y las diferencias con mi pareja, entonces también podré respetarle. Lo más impresionante acerca del efecto de la sombra es que cuando usted altera su mundo interior y aprende a aceptar, amar y sentir compasión por su sombra, las personas a su alrededor también cambiarán.

Uno de los ejemplos que ella abordó es el muy común y a menudo polémico asunto del dinero. La pareja clásica de un «gastador» y un «ahorrador» permanece hasta hoy como la causa número uno de divorcio.

Debbie y yo nos criamos en un hogar donde el problema siempre era la carencia de dinero, y nuestros padres parecían discutir diariamente por ello. A medida que crecíamos, desarrollamos diferentes estilos en cuanto al empleo del dinero. Yo me convertí en una «ahorradora», y Debbie se convirtió en una «gastadora». Mi relación con el dinero provenía de mi profundo temor de que algún día terminaría como una «mendiga», porque estaba programada para desear y temerle al dinero. Para contrarrestar mi temor, pagaba mis cuentas inmediatamente y nunca llevaba conmigo tarjetas de crédito. Solo compraba vestidos y muebles que estaban en rebaja. Si había algo especial que quería hacer o tener, como tomarme unas vacaciones o comprar un vehículo nuevo, ahorraba para ello. Me volví muy orgullosa de mi crédito excelente y desarrollé un sentido de seguridad financiera.

Cuando me casé, no tenía idea del gran problema que podría causar el asunto del dinero en una relación. Definitivamente, el dinero era una de mis grandes «sombras», y pronto fue evidente que yo necesitaba sanidad en ese asunto.

Brian fue criado en un hogar donde había suficiente dinero. Él mismo logró su propio éxito muy temprano en su carrera. Yo estaba fascinada —y a veces algo asustada— por su manera de gastar con facilidad el dinero. Brian es un hombre amigable, amable y muy generoso. Le complace mucho llevar a sus amigos a cenar y después pagar la cuenta de todos. Cuando su dinero y mi dinero se convirtieron en «nuestro» dinero, a menudo me encontraba juzgando su generosidad. Aunque teníamos la fortuna de poder pagar la cuenta, en mi mente «consiente de la pobreza» lo apropiado era que todos dividiéramos la cuenta en partes iguales, a menos que fuera un cumpleaños o una ocasión especial.

Un día le pregunté por qué siempre se comportaba como un «pistolero rápido» cada vez que llegaba la cuenta de la cena. Al principio, el asunto lo desconcertó, y luego simplemente dijo: «Mi corazón se siente feliz y, mucho más importante, creo que el dinero es energía y la generosidad de espíritu vuelve a nosotros de diferentes maneras».

La sanidad de mi sombra relacionada con el problema de la conciencia de la pobreza y el temor de volverme una mendiga era una tarea interna que claramente necesitaba hacer. Según el lenguaje de Debbie, necesitaba encontrar el don de esta sombra en particular. A medida que me sumergí en una profunda reflexión con respecto al asunto, pude entender que el mayor regalo de mi sombra del dinero era mi ambición y una ética de trabajo sólida. En mi búsqueda de nunca ser pobre otra vez, pude crear una carrera de mucho éxito y era cuidadosa con el dinero que había ganado. Lentamente aprendí a manejar los pensamientos y las emociones que tenía hacia el dinero, lo cual requería que me volviera a programar para realmente saber y creer que yo vivía en un universo de abundancia.

La otra parte de este proceso requirió que fuera sincera y vulnerable con Brian en cuanto a mi antiguo dolor por el asunto del dinero. Necesitaba explicarle que provenía de una larga línea de los que sufrían temores profundos por no tener suficiente. Al estar dispuesta a compartir mi verdad y expresar mis temores y preocupaciones, así como también a decir lo que necesitaba para sentirme segura, pude sanarme de mis heridas, superar mi conciencia de pobreza y dejar de emitir juicios por la forma en que Brian gastaba el dinero. ¿Todavía le gusta a Brian pagar la cuenta de la cena? Sí, todavía le gusta. ¿Y cómo me siento ahora al respecto? Todo está bien conmigo. Veo el gozo que eso le causa. ¡Sin embargo, me complace anunciar que Brian también aprendió cómo comprar en rebajas, algo que él nunca antes había hecho!

Todos nosotros tenemos historias que conforman nuestras elecciones y conductas, especialmente cuando se trata de nuestras relaciones íntimas. A menudo olvidamos cuánto poder personal de decisión tenemos en lo que creemos, vemos y sentimos. Cuando comenzamos a darnos cuenta de que estas historias están gobernando nuestra vida, y no siempre de la manera en que puede beneficiarnos, podemos decidir conscientemente cambiar nuestra historia, como Brian y yo lo hicimos con respecto a nuestra relación con el dinero.

Mi amiga Jill Mangino se encontró en una posición precaria luego de tres años de compromiso con su novio, Ray. Con todo su corazón, Jill desesperadamente deseaba que Ray fuera el «escogido», pero había grandes obstáculos en su camino. La historia de Hill incluía que su pareja perfecta compartiera con ella su amor por el yoga, la meditación, la espiritualidad y todas las cosas orgánicas, incluido el vegetarianismo. Ray es un cazador de patos, carnívoro, motociclista, fumador, «el macho de los machos», además de un fóbico social que prefiere quedarse en la casa la mayoría del tiempo. Aunque Jill se enamoró de Ray, también estaba comportándose conforme a su gran historia de que ella era la que había «evolucionado conscientemente» en la relación y se encontraba constantemente juzgando los hábitos, pasatiempos y la conducta de su pareja. La historia de Jill la llevó a romper la relación con Ray, diciéndole que necesitaba encontrar a una persona con la que tuviera más cosas en común.

«Si esto es lo que necesitas hacer, aceptaré tu decisión, pero te esperaré sin que importe cuánto tiempo tome», le dijo Ray, aunque ella estaba rompiendo su corazón.

Durante ese tiempo, ellos siguieron viviendo juntos solo como amigos, ya que ninguno tenía la libertad financiera para vender la casa que compartían. Ray trataba a Jill como siempre lo había hecho, con mucho cuidado, respeto y amor. Incluso cuidó de ella cuando tuvo una fuerte gripe.

Jill siempre se había imaginado a sí misma como una verdadera amante de la naturaleza, trabajando en el jardín y fabricando abonos para el deleite de su corazón, pero una tarde Ray regresó a la casa después de ir de caza y compartió con ella su reverencia por la belleza de la naturaleza, el cielo, las fragancias y el silencio que había experimentado. Con asombro, ella percibió algo que la sorprendió y la ayudó a que realmente abriera su corazón: ¡hay muchas maneras diferentes de estar en comunión con la naturaleza, no solamente la forma que ella percibía!

Unos días después, Ray le pidió a Jill que lo acompañara al funeral de su antiguo jefe, Bob. Asistieron más de trescientos cincuenta motociclistas, pero ninguno de los antiguos colegas de Ray se atrevió a pronunciar unas palabras de elogio. Ray, ignorando su miedo, calmadamente se dirigió al frente de la capilla y comentó con gran sentimiento que Bob era un hombre bien equilibrado y bueno. Fue en ese momento, mientras seguía fascinada observando cómo Ray superaba su fobia social, una de las cosas que ella juzgaba más duramente de él, que Jill sintió que volvía a amarlo. Su habilidad para hablar desde el corazón y consolar a la familia de Bob hizo que ella descubriera un nuevo nivel de respeto por Ray. Nunca antes había estado tan orgullosa de él.

Jill entendió que su historia de ser la más sensible espiritualmente en la relación se había convertido en una forma de arrogancia espiritual. Al estar dispuesta a abrir los ojos y oídos y ser testigo de la continua bondad, autenticidad y compasión de Ray, comprendió que él poseía todas las cualidades que ella consideraba «espirituales».

Finalmente, después de años de unión y separación durante el compromiso, Jill volvió a escribir su historia acerca de Ray y está lista para establecer la fecha de la boda. En la actualidad, ella habla de Ray diciendo que es su amigo del alma absoluto y su «gurú personal», y que no puede imaginar la vida sin él. Al cambiar su historia, Jill causó un cambio de percepción que ha alterado de manera positiva el curso de su relación y la dirección de su vida.

Tenga en cuenta que durante todo el tiempo que Jill luchaba para aceptarlo y entenderlo, Ray no cambió. Lo que cambió fue la historia de Jill acerca de él. Ella modificó su creencia de que su pareja perfecta debía ser espiritual de la misma manera en que lo era ella. Lo que sucedió fue que hubo una ampliación de su percepción del carácter humano y la espiritualidad para incluir las maneras que Ray poseía.

La narración de historias es un elemento poderoso que puede edificar o destruir las relaciones. Cuando Jill cambió su historia de quién era su compañero perfecto, pudo descubrir que ya tenía lo que había estado buscando.

## La historia que vale la pena contar

Según un artículo del *Journal of Family Psychology* [Revista de Psicología Familiar], los investigadores hicieron un estudio con cincuenta y dos matrimonios para saber de qué manera compartían la historia acerca de cómo se conocieron, incluyendo la impresión inicial que cada uno tuvo del otro. Lo que descubrieron fue muy interesante. Basándose en la manera en que la pareja compartía «el origen de la historia de su relación», los investigadores pudieron predecir, con noventa y cuatro por ciento de exactitud, si el matrimonio permanecería estable o terminaría en divorcio.[5]

No importaba cómo, cuándo y dónde se habían conocido. Si se habían visto de un extremo a otro en una sala llena de gente y el amor surgió a primera vista, o a través de una simple presentación de unos amigos durante una fiesta, los detalles reales del encuentro resultaban insignificantes. Lo que sí tenía mucha importancia era la energía, el entusiasmo y la expresión cuando compartían sus historias. Las parejas que contaban su historia de una manera negativa o como si no importara, tenían la tendencia a separarse después de tres años de casados, mientras que las parejas que contaban su historia con cariño y nostalgia, permanecían juntas.

Una pregunta que a Brian le encanta hacer cuando salimos con una pareja nueva es: «¿Cómo se conocieron?». Él siempre se interesa genuinamente por todos los aspectos de cómo una pareja llegó a conocerse. Y por supuesto, cuando escuchamos su historia, por lo general la pareja también quiere oír la nuestra y nos piden que la compartamos con ellos. Evidentemente, tenemos una fabulosa historia que contar. Es una historia natural y extensa, llena de encantos, milagros, coincidencias y bendiciones impartidas por una mujer de la India. Algo inusitado que ocurrió antes de nuestro encuentro fue que uno tuvo un sueño acerca del otro. En mis sueños, yo tuve claves que me guiarían para saber que él era el «elegido». Brian vio mi rostro literalmente en sus sueños.

He contado esta historia miles de veces. Francamente, a veces estoy harta de escucharme narrarla. A menudo Brian me interrumpe para recordarme algunas partes de la misma que olvido o excluyo. A un nivel intuitivo, siempre supe que compartir nuestra historia del alma gemela ayuda a reforzar el amor y la devoción que nos profesamos el uno al otro, así que aunque me resista a contarla a veces, cuando termino me siento entusiasmada e inspirada otra vez.

Como un ejercicio para revitalizar la historia de su encuentro, intente hacer esto: la próxima vez que usted y su compañero pasen tiempo con otra pareja, pídales que compartan la historia de cómo se conocieron. La probabilidad es que ellos les pedirán lo mismo. Planee con anticipación compartir una historia fabulosa y cuéntela con entusiasmo y muchos detalles, agregando pequeñas cosas que seguramente provocarán una gran sonrisa en su pareja. Incluya aspectos como:

- Su primera impresión positiva de él

- La parte del cuerpo de su pareja que le parece más atractiva

- Algo gracioso o cariñoso que notó que él hizo

- Cualquier sentimiento que tuvo de que él sería el «elegido»

- Las reacciones positivas de su familia o amigos cuando ellos lo conocieron por primera vez

- Cómo se sintió cuando se besaron por primera vez

Compartir historias positivas sobre su compañero revitalizará los sentimientos agradables, lo hará lucir bien ante otros, y fomentará aun más el amor en su relación. Cambiar la perspectiva al enfatizar los atributos positivos de su pareja no solo altera la energía en usted, sino entre los dos.

Check Out Receipt

Rogers Park

Wednesday, December 8, 2021
1:59:13 PM

Item: R0443794202
Title: La oración es buena medicina :
cómo cosechar los beneficios
curativos de la oración
Due: 12/29/2021

Item: R0502288112
Title: La maestria del amor : una guía
práctica para el arte de las relaciones
Due: 12/29/2021

Item: R0447983219
Title: Convierta a su pareja en su
alma gemela
Due: 12/29/2021

Total Items: 3

Thank You!

Rogers Park Branch Library
6907 N Clark Street
Chicago IL 60626
312-744-0156

1534

# Cuatro

# Contratos sagrados y la morada del alma

*Ser conocida plenamente por alguien, y después
de todo ser amada, es una ofrenda humana
que puede considerarse casi milagrosa.*

Elizabeth Gilbert

A nadie le gustan las situaciones difíciles. Sin embargo, la vida parece arrojarnos una montaña de desafíos contra los cuales pensamos que no deberíamos tener que lidiar.

¿Qué pasaría si le dijera que la vida no sería la misma sin estos desafíos? No me refiero a que su vida sería mejor. Me refiero a que su vida no sería la que está destinada a vivir. A través de mis muchas experiencias espirituales, he observado que nuestra vida se desarrolla conforme tanto al plan que trazamos antes de comenzar a vivirla como a las consecuencias que resultan de haber ejercido nuestro libre albedrío en cada momento. Los desafíos se presentan en todas la formas. Ya sea que se trate de una gran tragedia como sufrir una bancarrota, el desempleo, una enfermedad, un accidente fatal, quedarse sin casa, o cosas menores como la pérdida de un sobre en el correo, el malfuncionamiento de los aparatos, la mala conducta de nuestros hijos o una tostada quemada, nuestra vida está llena de logros y obstáculos. Todos tenemos una lista de desafíos que supuestamente debemos enfrentar.

Si imagina su vida como una película, entonces está siguiendo un escrito que comenzó mucho antes de que fuera concebida por sus padres. La acumulación de vidas le hacer regresar para aprender más lecciones. El karma, o sea el resto del aprendizaje que todavía no ha tenido lugar, le sigue a través de cada ciclo.

Así como un productor de películas, usted selecciona a los protagonistas con los que interactuará bien antes de empezar a rodar la escena. En otras palabras, tiene una entrevista con cada actor potencial antes de volver a nacer para tener la seguridad de que su próxima vida rectifique el karma que solamente le corresponde a usted.

Como en cualquier película, usted tiene licencia poética. Puede que un actor responda de una manera, mientras que otro escoja responder de forma completamente diferente. Es probable que la película sea más breve o más extensa, dependiendo de que se eliminen algunas de las escenas o se agreguen nuevas. Usted tiene muchas opciones. En realidad, todos hacemos elecciones basados en nuestro nivel actual de conciencia.

Se supone que las conexiones kármicas con otras personas ocurren. Si les presta atención a las situaciones más intensas de su vida que le provocan gozo y tristeza, comenzará a ver el drama de su acumulación kármica comenzar a desarrollarse y solucionarse.

¿Se ha encontrado con alguien por primera vez, pero siente que ha conocido a esta persona «toda su vida»? Bien, puede que acabe de conocer a tal persona en esta forma, pero ya la había conocido en otra vida. Usted reconoce el alma de la persona, una energía que es indestructible.

Es muy probable que su pareja sea un alma clave entre los actores de su película. Él desempeña un papel importante en sacar a la luz toda su basura interna. Ya sea que le guste o no, su pareja es un miembro importante en su elenco. Aunque él pueda resultar exasperante, el enojo es solo de usted. Él no es culpable, tampoco usted. Su pareja simplemente sugiere lo que hay en usted, y usted solo reacciona ante eso.

Esto no quiere decir que la conducta de su pareja sea legítima o amable o digna de elogio. No obstante, si la conducta de él tiene un impacto negativo en usted, resulta importante preguntarse por qué. ¿Qué despierta en usted? Si puede identificar el origen del dolor, o la primera vez que sintió esa emoción en particular, se dará cuenta de que nada tiene que ver con su pareja. La conducta que él pone de manifiesto sirve simplemente como un recordatorio de cuando usted sintió esa emoción por primera vez.

Si puede aceptar que todas las emociones están en usted, comenzará a hacerse responsable por sus sentimientos. Nadie puede hacerla sentir de cierta manera. La felicidad y el odio comienzan y terminan con usted.

Naturalmente, depende por completo de usted cómo decide lidiar con los desafíos que enfrenta. Aunque ya posee un libreto previamente escrito, tiene la libertad de cambiar la dirección, el ritmo y el tono del mismo. Puede optar por enfocarse en un personaje o un grupo de personajes más que en otros. Incluso puede cambiar el final. El impacto de las elecciones que ha hecho nunca será claro sino hasta después de terminada la película. Los creadores de las películas de Hollywood le dirán que no tienen idea de cómo acabará todo el proyecto. Ellos confían en sus instintos, escogen los mejores colaboradores posibles y esperan lo mejor. La vida es un poco así también.

Si considera las conexiones kármicas que tenemos con otras personas, los desafíos que enfrentamos tienen entonces más sentido. ¿Se ha preguntado alguna vez por qué lucha continuamente con los mismos problemas, sin importar con qué personas se relaciona?

## Contratos sagrados

¿Qué pasaría si le dijera que esas relaciones se basan en contratos sagrados que usted ha hecho antes de nacer? Si comienza a imaginar su vida como una película con su propio comienzo, intermedio y final, notará que cada cosa ocurre por alguna razón. Ya sea que se trate de la pérdida de un ser querido o un trabajo, las lecciones de nuestra vida nos forma para un propósito específico. Si no me cree, considere la siguiente historia.

Llovía. Yo estaba de mal humor. En realidad, no me sentía con ánimos para recibir malas noticias. Sin embargo, allí me encontraba, sentada en la oficina de mi astróloga, oyendo la peor lectura de astrología acerca de mi vida.

La portadora de «las malas noticias» era una mujer hermosa de los Ángeles llamada Linda, que era tanto astróloga como también consejera espiritual. Ella me informó que los planetas estaban actualmente alineados en mi carta astral en un «profundo invierno». Había concertado una cita para una lectura astral porque mi vida atravesaba un tiempo de desánimo y muchos desafíos, y ahora ella me aseguraba que sufriría más de lo mismo en los próximos seis meses.

Corría el año 1991, y mi oficina de relaciones públicas estaba sufriendo a causa de una importante recesión. El ochenta y cinco por ciento de mi negocio disminuyó en un período de un mes. Tuve que renunciar a un personal que incluía a ocho empleados, así como a un espacio laboral muy costoso de trescientos setenta metros cuadrados en Beverly Hills, y mudarme a una oficina del tamaño de un ropero con un empleado de medio tiempo. No tenía idea de lo que haría, de modo que comencé a considerar un cambio de carrera. Además de los desafíos a nivel profesional, mi relación de dos años había terminado inesperadamente, y también estaba sufriendo de agotamiento con síntomas de Epstein-Barr. Fue un golpe triple que me dejó vacilante.

> El alma es la huella de Dios que se convierte en el cuerpo físico, único en su propio desarrollo y expresión, pero lleno de la divinidad que es la esencia de todo lo que existe.
>
> *Iyanla Vanzant*

La astróloga me dijo además que dentro del lapso de un año conocería a mi alma gemela, pero que él ya estaba casado. Sin embargo, trabajaríamos juntos por muchos años y estableceríamos centros de sanidad. Estoy segura de que de alguna manera en esta lectura Linda trató de aliviar el golpe de las malas noticias y convencerme de que había un arco iris con un recipiente de oro al final, pero en ese momento todo lo que yo podía oír era: «Vienen más problemas, corre y escóndete».

Mientras escribía un cheque para pagar la sesión, Linda comenzó a contarme que su madre había muerto recientemente. Durante su meditación esa mañana, ella había tenido una experiencia extraordinaria y se sentía impulsada a compartirla conmigo.

Linda confesó que siempre había tenido una relación difícil con su madre. En su opinión, su madre había sido cruel, crítica, mal pensada y completamente incapaz de hacerla sentirse amada y valorada. Siendo una buscadora espiritual desde hacía mucho tiempo, a menudo ella se sentía culpable de que a pesar de sus años de estudio y la práctica de la meditación, no podía encontrar una manera de perdonar a su madre o sanar su relación.

Mientras estaba sentada meditando, Linda claramente vio y oyó a su madre, que lucía mejor que nunca. Su madre le pidió disculpas por su conducta y luego le explicó que ambas habían estado juntas antes en muchas vidas anteriores y habían desempeñado diferentes roles la una con la otra. Antes de que se reencarnaran en esta vida, Linda le había pedido que la ayudara para adoptar un enfoque serio con respecto a su crecimiento espiritual. Juntas habían decidido tener una madre «difícil», lo cual sería la mejor manera de lograr la evolución de Linda. Mientras Linda escuchaba hablar a su madre, comenzó a «recordar» lo que habían acordado y pudo sentir la sanidad en su corazón cuando entendió que no había nada que perdonarse la una a la otra. Desde el principio ambas habían acordado que su relación tomaría este camino.

Escuchar la historia de Linda fue una revelación para mí. Repentinamente, pude entender que los tiempos y las personas difíciles en mi vida tal vez se estaban presentando por alguna razón. Las probabilidades son que incluso haya «pedido» tener estas experiencias.

Antes de pensar que hablo tonterías, considere cuántas personas que han estado en su vida le han enseñado duras lecciones que de otra manera no habría aprendido. Las situaciones difíciles nos enseñan mucho más que las situaciones fáciles.

Aunque todavía sentía ansiedad por la posibilidad de otros seis meses de «profundo invierno», salí de la oficina de Linda con algo de entusiasmo y bastante curiosidad de cómo y por qué la vida es como es. ¿Es posible que los desafíos que enfrenté fueran en realidad dones encubiertos?

Durante los siguientes seis meses estuve obsesionada tratando de entender mi futuro. Había desechado la idea de volver a ganarme la vida de la manera en que lo hacía antes, pero estaba desorientada con relación al «propósito de mi vida». Cuando recuerdo a todos los clientes que he perdido, debo admitir que, aunque gané mucho dinero, no disfruté de los rudos clientes de negocios que tenía. Decidí que si continuaba en el negocio como publicista solo representaría a personas, lugares y cosas que pudieran tener un impacto positivo en este planeta. Este nuevo nivel de conciencia me permitió formar una nueva declaración de misión. En ese tiempo no tenía idea de lo que sería mi nueva función, pero a nivel del alma sentía que estaba en lo correcto.

Un día, en 1992, fui a almorzar con mi amigo Patrick Netter. Mientras comíamos ensalada de pollo en el café de la Sunset Boulevard, le comenté acerca de la nueva dirección de mi carrera. Él hizo una pregunta que cambió mi vida.

—Si pudieras representar a una persona en el mundo, ¿quién sería?

—Oh, seguro que es una persona de la que ya oíste hablar. Su nombre es Deepak Chopra —respondí de inmediato sin siquiera pestañar.

Los ojos de Patrick se iluminaron mientras reía con ganas.

—No solamente sé quién es, sino que mi buena amiga Penny trabaja para él. Si deseas, puedo conectarte con ella, es probable que pueda concertar una cita para que te reúnas con Chopra.

Como soy una mujer de acción, hablé con Penny más tarde ese mismo día. Ella me dijo que Deepak estaba buscando una publicista. Debido a que él estaría en los Ángeles durante la semana siguiente, ella podía convenir una cita.

Yo había visto a Deepak hablar en varias ocasiones. Él tiene una impresionante habilidad para explicar las razones médicas de la conexión mente-cuerpo-espíritu. Su trabajo afirmaba todo lo que Louise Hay había compartido en sus libros, sin embargo, él podía explicar las cosas desde una perspectiva científica.

Llegó con un atraso de veinte minutos a nuestra cita. Al entrar en la sala, pidió disculpas por su tardanza y explicó que solo tenía cinco minutos antes de su siguiente reunión.

Yo simplemente sonreí y dije: «Está bien. Solo necesito dos minutos. Si usted es tan inteligente como creo que lo es, me contratará para ser su publicista».

Me miró un buen rato, se rio, y dijo: «Está bien. ¡Hagámoslo!».

Ese fue el inicio de doce años de relación laboral. Desde el principio, sentí como si nos hubiéramos conocido siempre. Unos años después él me dijo que creía que yo era su hermana en una vida pasada.

Una noche, antes de llevarlo a una presentación por televisión, cenamos juntos en un restaurante indio. Nos sentamos al lado de una ventana a través de la cual podíamos observar la calle Wilshire Boulevard. Le pregunté si la vida estaba predestinada o si tenemos libre albedrío. Nunca olvidaré su respuesta.

«Ambas cosas son ciertas, dependiendo de tu nivel de conciencia».

Yo todavía estaba pensando en la relación de Linda con su madre y en cuánto de la vida estaba predestinada y si realmente tenemos el control de nuestra vida. En especial, me sentía intrigada con la idea de estos acuerdos de una vida pasada. Podía darme cuenta de que podemos tener *tanto* acuerdos con la familia, los amigos y los sucesos, *como* también el libre albedrío de honrar o no tales acuerdos.

El nivel de tranquilidad y compatibilidad que sentí con Deepak me impulso a creer que teníamos un acuerdo para esta vida. Instintivamente parecía ser lo correcto. Uno de los primeros proyectos grandes en que trabajamos juntos fue la apertura del primer Centro Chopra en San Diego, un centro de sanidad que provee tratamientos de hierbas para la salud, clases de meditación y una gran variedad de estudios espirituales.

Linda había tenido la razón. Conocí a mi alma gemela: Deepak. Él estaba casado con Rita, que claramente era su alma gemela romántica. Puesto que ella me había aceptado de inmediato en la familia, me di cuenta de que todos éramos almas gemelas en el sentido de la amistad. Lo más impresionante para mí fue que pude comprender que un alma gemela no es «una única» pareja romántica, podemos tener muchas almas gemelas y en diferentes niveles de relación.

Me percaté de que en realidad hacemos acuerdos con ciertas personas antes de encarnarnos. Los llamados contratos sagrados son acuerdos que tienen el propósito de guiar nuestro desarrollo personal y darnos poder para que contribuyamos al alma de la humanidad.

Carolina Myss escribió un poderoso libro sobre este tópico titulado *Contratos sagrados: Despierte su potencial divino*. Ella dice: «Los contratos y las negociaciones que su alma ha hecho, en mi opinión, conforman el orden de su vida. Usted concierta citas para determinados compromisos, tener oportunidades de conocer a ciertas personas y estar en ciertos lugares, pero lo que hace y en qué condición se encuentra al llegar allí, depende de las elecciones que haga».

A medida que salía de mi «profundo invierno» mi nueva declaración de misión se materializó. Juntamente con mi nuevo cliente, Deepak Chopra, ahora trabajaba con Marianne Williamson, Wayne Dyer, Joan Borysenko, Louise Hay, Neale Donald Walsch y muchos otros. La demanda de mi tiempo se extendió rápidamente, y tenía la suerte de poder elegir a quién quería promocionar. Comencé a depender de mi intuición para que me guiara a darles la bienvenida a los clientes con los que tenía contratos sagrados.

A fin de cumplir nuestro destino, necesitamos reconocer la tribu de nuestra alma y los contratos sagrados interconectados que nos vinculan.

A veces esos contratos terminan en el lapso de nuestra vida. A veces, los contratos comienzan más adelante en nuestra vida también.

## Almas gemelas con fecha de expiración

En 1967, Susie McCall, una joven de veinte años de edad de una pequeña ciudad del sur de Ohio, tenía grandes sueños de terminar la universidad y llegar a ser una maestra de inglés. Siendo bonita y dinámica, Susie hacia amigos con facilidad. Su pasatiempo favorito era la lectura y tocar música, y se sentía muy entusiasmada con su novio Terry, a quién había conocido un año atrás cuando él le pidió un aventón hasta la ciudad natal de ambos. Aunque la relación no era perfecta, a Susie le encantó que él hubiera expandido el interés de ella, especialmente al presentarle el mundo de las artes, así que lo consideraba un alma gemela. Sin embargo, debido al hábito que él tenía de ser un poco distante y no estar siempre emocionalmente disponible, Susie se sentía algo nerviosa y con incertidumbre, preguntándose a veces si en realidad tenían un futuro juntos.

Un año después de la relación, su destino repentinamente tomó un nuevo trayecto cuando ella descubrió que estaba embarazada. Rápidamente se planeó una boda, y el 16 de marzo de 1968, Susie y Terry se casaron. La ceremonia fue pequeña y encantadora, llevándose a cabo en la iglesia local donde ella creció, mientras su hermana y sus primas la acompañaban como damas de honor. Aunque sus padres y su familia cercana estaban muy desilusionados de que ella «tuviera» que casarse, su madre confeccionó el vestido de novia y todos pusieron una buena cara el gran día de la boda.

Mientras avanzaba por el pasillo hacia el altar, con dos meses de embarazo, Susie se sentía entusiasmada y a la vez asustada en cuanto al futuro, sin embargo, esperaba lo mejor. Después del nacimiento de su hija y aunque la vida de casada resultaba algo difícil, ella no se cuestionaba su estadía o salida del matrimonio, a pesar de que la duda seguía molestando sus pensamientos. Como todas las parejas, ellos

CONVIERTA A SU PAREJA EN SU ALMA GEMELA

tenían sus altibajos, y sus principales problemas giraban en torno a la comunicación y la honestidad emocional. A pesar de eso, Susie estaba comprometida a quedarse y hacer lo posible para que funcionara. «No era horrible, pero mi matrimonio realmente estaba muy por debajo de mis esperanzas y sueños. A veces sentía que éramos el uno para el otro, de que había algún tipo de karma que estaba operando. Conscientemente, tomé la decisión de amarlo y de mantener a nuestra familia unida», explica Susie.

«La verdad es que tenía mucho miedo de incluso pensar en la posibilidad de salir y buscar a una nueva alma gemela», dice Susie, así que se quedó, aunque quería a alguien o algo diferente. En realidad, ella no quería a nadie más, solo anhelaba que su marido fuera diferente de la persona que él deseaba ser.

Cuando Susie y Terry celebraron su treinta aniversario de casados y la hija de ambos ya era una adulta, se dieron cuenta de que la relación había terminado y acordaron en divorciarse. Aunque Susie todavía lo amaba, ellos deseaban cosas diferentes en la vida y ella ya no quería vivir con él. El interés mutuo que tenían por la navegación, que era como el lazo que los mantenía juntos, simplemente ya no era suficiente. Ellos permanecieron siendo amigos, y Susie todavía lo considera como un alma gemela.

Varios años antes de su divorcio, Susie tuvo un accidente de automóvil y necesitó los tratamientos de un quiropráctico. El quiropráctico que la trataba también era un maestro de metafísica que dictaba clases semanales en su oficina. Fue durante estas clases que ella conoció a Otto Collins, quien recientemente se había divorciado y también había sido víctima de un accidente automovilístico. Menos de un año después, Otto comenzó a asistir a las clases de metafísica y ellos tuvieron una «experiencia de almas gemelas» que sacudió completamente su mundo e hizo que se enamoraran.

Durante los últimos dieciocho años ellos han sido muy felices y se convirtieron en expertos y mentores del amor. Puesto que comenzaron su relación conociendo que la experiencia con el alma gemela no era suficiente para crear un amor duradero, sabían que debían aprender a comunicarse, a amarse el uno al otro incluso cuando fuera difícil y a mantener la pasión viva, cosas que no habían hecho en su matrimonio anterior.

Aproximadamente después de llevar dos años en su nueva relación, las personas comenzaron a pedirles que dieran charlas, hicieran presentaciones e impartieran seminarios acerca de sus secretos para atraer y mantener un nuevo amor. Lo que compartieron generosamente con el mundo desde 1999 a través de libros, sitios web y cursos fue lo que ellos aprendieron de su propia relación anterior y también de las sesiones de entrenamiento.

Hoy Susie entiende que el curso de su vida, incluso su matrimonio anterior, era perfecto, aunque no le pareciera así durante la separación. Ella dice: «Creo que mi antiguo esposo y yo vinimos a este mundo con un contrato sagrado para casarnos y criar una hija. Durante nuestra luna de miel, comencé a sangrar y más tarde me dijeron que fácilmente hubiera perdido a mi hija, por eso estoy segura de que nuestra pequeña familia estaba destinada a existir, y de que mi hija quería nacer y estar con nosotros».

«Si hubiera dejado mi matrimonio años antes», dice ella, «entonces Otto y yo no habríamos estado juntos. Es muy claro para mí que nuestro encuentro fue una situación que evidenció una oportunidad divina para ambos. Los muchos años que pasé con mi antiguo esposo fueron esenciales para mi crecimiento y preparación a fin de disfrutar de la increíble relación que hoy tengo con Otto».

## ¿Qué es el alma y dónde mora?

El rabino Yanki Tauber, de Chabad.org, ofrece una maravillosa definición del alma:

El alma es el ser, el «yo» que habita el cuerpo y actúa a través de él. Sin el alma, el cuerpo es como un foco sin electricidad, una computadora sin programa, un traje vacío de astronauta. Con la presencia del alma, el cuerpo adquiere vida, vista y oído, pensamiento y expresión, inteligencia y emociones, voluntad y deseo, personalidad e identidad.

En realidad, no solamente el ser humano, sino también cada ser creado, posee un «alma». Los animales tienen alma, así como también las plantas e incluso los objetos inanimados; cada hoja de grama tiene un alma, y cada grano de arena. No solamente la vida, sino también la existencia, requiere un alma que la mantenga, una «chispa de divinidad» que perpetuamente instila ser y significado en su objeto. Un alma no solo es el motor de la vida; esta encierra también la razón de la existencia de algo, su significado y propósito. Es la «razón interna» de una cosa, su razón de existir. Así como el «alma» de una composición musical es la visión del compositor que le da vida y hace vibrar las notas ejecutadas en una composición musical; las notas mismas son como el cuerpo expresando la visión y los sentimientos del alma que lo habita. Cada alma es la expresión del propósito y la visión de Dios al crear ese ser en particular.[6]

Creo que cuando dos almas están destinadas a unirse, hay unas vibraciones que no se pueden negar. Solamente seis semanas después de conocernos, Brian y yo salimos de viaje juntos por primera vez al parque nacional Yosemite. Anduvimos en bicicleta y escalamos a través de majestuosas montañas y valles impresionantes, hablando sin parar acerca de todo tópico imaginable. Fue como si necesitáramos recuperar las décadas de experiencias de vida que ya habíamos vivido. Hablamos de todo, desde cosas mundanas como libros, películas y comidas favoritos hasta las religiones esotéricas y la filosofía, y descubrimos que compartíamos una amplia gama de intereses. Como la mayoría de las parejas que recién se enamoran, estábamos viviendo un mundo deleitoso, que era en parte mágico y en parte dopamina. Sencillamente estábamos en sintonía, y yo me sentía en el mayor éxtasis imaginable.

Desde Yosemite viajamos a San Francisco y nos hospedamos en un encantador y peculiar hotel conocido como Mónaco. Nuestro cuarto, aunque pequeño, era hermoso, parecía una cajita de joyas de llamativos colores y diseño único.

Recuerdo haberme despertado al día siguiente a la tenue luz que tranquilamente se filtraba a través de las cortinas iluminando el rostro de Brian. Su rostro sonreía. Repentinamente, sentí que me embargaba una ola intensa de enojo y traía consigo una memoria verídica. Ya no era septiembre de 1997, sino un tiempo que parecía como dos mil años atrás. Olas frías de soledad y quebranto embargaron mi cuerpo, porque mi marido en ese entonces me había abandonado para ir otra vez a una misión religiosa. Antes de que pudiera procesar lo que en realidad recordaba y sentía, Brian dejó de sonreír mientras miraba de manera profunda a mis ojos y dijo: «No te dejaré en esta vida. Te lo prometo».

Él había dicho lo indecible. Sorprendida de que él supiera que yo estaba pasando por esta extraña e inusual experiencia, le pregunté: «¿Cómo lo sabías?».

Brian explicó que la razón de nuestro encuentro en esta vida era para la sanidad de ambos. Obviamente, este sentimiento de abandono era una de las heridas que necesitaba sanidad. Él me dijo que al menos en dos vidas anteriores me había abandonado por misiones religiosas y que jamás me volvería a dejar.

¡Vaya sorpresa! ¿En serio? Este fue uno de los momentos más extraños de mi vida. Aunque había considerado la posibilidad de que hubiéramos estado juntos en vidas pasadas, no dediqué un tiempo para pensar en eso. Como generalmente soy una persona pragmática, me intereso más en el presente que en lo que pudo haber ocurrido mucho tiempo atrás en una vida pasada.

Al mismo tiempo, no pude negar que este extraordinario incidente era un punto crucial para mí. Me ayudó a entender que uno de los beneficios de encontrar a nuestra alma gemela es la sanidad que genera, no solamente para las heridas de esta vida, sino también para las del pasado. Comencé a comprender que nuestra alma gemela es también nuestro maestro, y que las lecciones serán placenteras, dolorosas y de todas las sensaciones intermedias. En ese momento, a la luz preciosa de esa mañana en San Francisco, me di cuenta de que un alma gemela es semejante a un guía espiritual. Esta nos acompaña en nuestra jornada a la sanidad integral, completando las experiencias pasadas en esta vida y la venidera.

Los que creemos en el karma, la reencarnación y la vida después de la muerte comprendemos que una de las razones esenciales por las que nos encarnamos en un cuerpo físico en esta tierra es para que experimentemos las lecciones de la vida que nos ayudan a nuestra evolución y crecimiento personal. A menudo, estas son lecciones que requieren relaciones con otras almas con las que hemos viajado a través de la eternidad, también conocidas como la tribu o el grupo de nuestra alma. Nuestra tribu está compuesta de viejos amigos y familias que también han experimentado el mismo nivel de conciencia. Muchas veces nuestra alma gemela es parte de este grupo. Michael Newton, un experto en el tópico de la reencarnación y autor de *Journey of Souls* [El viaje de las almas], lo explica de esta manera: «Los miembros del mismo grupo están estrechamente unidos por la eternidad».

Escogemos volver a nuestra forma física para actuar a través del karma y las lecciones. Antes de nacer de nuevo, pasamos por un intenso proceso de planificación del otro lado donde consultamos con nuestros «guías» y varios miembros de la tribu de nuestra alma para tomar decisiones acerca de quién desempeñará cierta función en nuestra próxima vida. Newton emplea la analogía de que la vida es un gran escenario donde desempeñamos el papel del actor o la actriz principal. Además, seleccionamos también otros personajes que aparecen con nosotros en el drama, los cuales a la vez son seleccionados por otros actores para que actúen en sus producciones.

Un alma gemela es uno de los personajes más importantes en nuestra vida. Un alma gemela se convierte en nuestro compañero designado, acordando ayudarnos el uno al otro a cumplir nuestras metas mutuas. Estas relaciones con el alma gemela están *diseñadas* para que contengan lecciones kármicas. Algunas de estas lecciones serán ardientes y otras muy dolorosas. ¡Esto es normal! Las probabilidades son que usted haya pasado muchas vidas terrenales con su alma gemela y, como en todas las relaciones, hayan experimentado muchos altibajos. Juntos, cada uno ha contraído una deuda espiritual con el otro.

Newton explica que para que las almas puedan «reconocerse» mutuamente en la tierra, un proceso maravilloso y misterioso, deben asistir a «clases» conocidas como «lugares de reconocimiento». Cuando usted y su alma gemela se encuentran en el «lugar de reconocimiento», acuerdan crear algunas señales, símbolos, sentimientos de deja vú o sincronismos que ocurrirán cuando se encuentren en el plano físico, de modo que tengan la seguridad de «reconocerse» el uno al otro. ¡En el momento de su nacimiento, ocurre una amnesia espiritual y oportunamente olvida todo!

Una vez tuve una sesión con un practicante de la regresión a vidas pasadas que me llevó al lugar «de la vida intermedia». Allí vi una escena muy viva de mí misma donde me encontraba parada, o estaba flotando, en un espacio oscuro mirando hacia abajo a una mesa de vidrio negro. A mi derecha estaba mi padre y a mi izquierda mi hermana, y los tres nos encontrábamos unidos por unos cordones de luces de colores brillantes. Juntos estábamos en el proceso de selección de una mujer que sería una madre para mí y Debbie, y una esposa para nuestro papá. En conjunto elegimos a una mujer que era completamente nueva para nuestra tribu del alma. Debbie y yo la seleccionamos por su cerebro y sus largas piernas. Papá la seleccionó por su belleza. Esto es lo único que recuerdo de esta sesión.

Sin embargo, cuando decidí conscientemente manifestar a mi alma gemela, una de las cosas que creé fue una «lista de deseos» con las características y las cualidades del corazón que deseaba que mi alma gemela poseyera. La única característica física en dicha lista que deseaba que mi alma gemela tuviera era el cabello gris. Esta era una característica de la que estaba absolutamente segura. Él debía tener cabello gris.

El día que Brian y yo nos conocimos, la primera cosa que observé fue su cabello gris... ¡se había vuelto canoso a los treinta! Eso representaba una señal; probablemente era algo que habíamos acordado cuando estábamos en el «lugar de reconocimiento». Ese día también experimentamos muchas otras simultaneidades, lo cual fue muy oportuno para mí. Sin esos indicios, quizá lo hubiera ignorado, como si él no fuera a primera vista «mi tipo».

A veces se requiere una bola de cristal para saber si la persona que tenemos enfrente está destinada a ser nuestra alma gemela. Aunque pensamos que las conexiones con el alma deben estar llenas de encanto mágico, serenidad y gracia, la oposición surge inevitablemente. La parte confusa es cuán insistente puede ser el universo cuando dos personas han sido destinadas a permanecer juntas, incluso cuando las probabilidades no están en su favor.

## De vuelta al Edén

La historia de Donna y David, como se ilustra en su libro *The Energies of Love: Using Energy Medicine to Keep Your Relationship Thriving* [Las energías del amor: el uso de la energía médica para mantener su relación floreciente][7] muestra los caminos sinuosos que las almas toman para encontrarse el uno con el otro.

Cuando Donna Eden vio por primera vez a David Feinstein, antes de que él siquiera la mirara, escuchó claramente unas palabras que hablaban de un amor profundo, que incluso decían, y ella recuerda esto textualmente: «Este hombre pasará el resto de su vida contigo». ¿Acaso el hecho de que Donna oyera estas palabras los establecía como almas gemelas? ¿Podría esto ser el cumplimiento de la promesa de que «alguna noche encantadora verías a un extraño... al otro lado de un salón colmado de personas?». La literatura popular acerca de las almas gemelas sugiere que junto a su alma gemela uno está completamente complacido, sanado y completo, como si no faltara ninguna pieza del rompecabezas, algo marcado con memorias de vidas pasadas juntos, un profundo entendimiento mutuo, una fácil aceptación de los defectos de cada uno, y un sentido de seguridad en presencia del otro. Sin embargo, no sucedió así con esta pareja, o ninguna pareja que ellos conocieran. En sus primeros años juntos ellos tuvieron que luchar por cada pizca de compatibilidad.

No obstante, su unión también parecía tener una especie de destino juntos. Eso los mantuvo unidos por varios años, pero con el tiempo terminaron la relación y se separaron, mudándose cada uno a miles de kilómetros de distancia del otro. Luego de haber pasado por un proceso doloroso de terminación de la relación, Donna finalmente estaba libre en su corazón para darle la bienvenida a lo que viniera después a su vida. Ella pasó un tiempo en una montaña en Oregón disfrutando su libertad.

Mientras iba conduciendo a través de la montaña, sintiéndose muy contenta y triunfante, oyó la misma voz que había escuchado la noche que conoció a David. Era tan clara como si proviniera de la radio de su vehículo: «A pesar de las apariencias, te casarás con ese hombre».

Acababa de pasar por la agonía de liberar su ser «del hombre», así que se puso furiosa y comenzó a argumentar. Ella estaba viviendo en Ashland, Oregón, y David todavía residía en San Diego, donde se habían conocido. No había ninguna probabilidad de que se encontraran casualmente. La relación había terminado, y ella mentalmente, pero de modo enfático, afirmó este hecho.

—Pasarás el verano en San Diego —dijo la voz.

—¡Eso es ridículo! —replicó mentalmente Donna—. Además, ¿cómo proveería para mí y las niñas?

—¡Se abrirán puestos de trabajo! —contestó la voz sin inmutarse.

Esa semana, Donna recibió por correo algunas ofertas para enseñar siete clases separadas en San Diego durante el siguiente verano. Mientras tanto, una de sus amigas más cercanas en San Diego la llamó para sugerirle que intercambiaran casas, porque ella deseaba pasar el verano en Ashland. Ahora todas sus razones para no visitar San Diego se habían disipado.

Donna llamó a David para informarle que pasaría el verano en San Diego. Cortésmente le explicó que prefería decírselo personalmente en vez de que se enterara por otros, y además le aseguró que no regresaba para reconectarse con él. Pasaron varias semanas desde el regreso de Donna a San Diego sin que se vieran con David. Además, David ya había comenzado una relación con otra persona.

Entonces, el 21 de junio de 1981 en San Diego, cuatro años después de haberse conocido por primera vez, David llegó a la estación de gasolina. Al salir de su vehículo, no podía creer lo que veía. ¡Allí también estaba Donna Eden cargando gasolina en su vehículo! Cuando se vieron, una ola de electricidad corrió a través de sus cuerpos. David casi le gritó: «¡No! No podemos hacer esto. Estoy casi casado». Sin embargo, sus protestas no pudieron impedir las energías que magnéticamente fluían entre ellos. Después de conversar solo por media hora, su relación se afirmó y restableció irrevocablemente.

Cuando David llegó a la casa, la mujer con la que acababa de mudarse estaba empacando sus cosas. Ella proféticamente dijo: «No sé lo que está pasando, pero creo que necesitas algo de espacio».

Otra coincidencia interesante fue que cuando David llegó a la estación de gasolina, acababa de visitar a sus padres. Mientras se despedía de ellos, su padre le dijo: «Tengo un libro para ti. Es uno que formó bastante mi manera de pensar acerca de la salud en 1940, y acabo de encontrar una copia extra que probablemente compré en algún momento». El nombre del libro era *De vuelta al Eden*.

Antes de todo eso, cuando todavía trataban de reconciliar la conexión profunda que sentían con lo difícil que era vivir juntos, David llevó el certificado de nacimiento de ambos a un astrólogo. En esencia, el astrólogo le dijo que se buscara otra persona, pues de ninguna manera su relación iba a funcionar. Sintiéndose algo tonto por recurrir a un método no científico como la astrología, al menos quería averiguar si había algún acuerdo entre los diferentes astrólogos. Así que llevó la misma información de sus nacimientos a otros dos astrólogos, quienes prácticamente le dieron la misma conclusión. Donna ya estaba viviendo en Ashland en ese tiempo, y David decidió hacer una última visita para asegurarse de que realmente la relación ya no era viable.

Mientras tanto, Donna hizo amistad con una mujer, Kate Moloney, que era una astróloga notable y estaba dotada de una gran profundidad espiritual. Donna concertó una cita para que ambos tuvieran una lectura con ella. Sin embargo, el día de la cita, Kate llamó a Donna y le dijo que estaba enferma y no podría hacer la lectura conjunta. David estaría en el camino de regreso a San Diego el día siguiente, de modo que ellos nunca tuvieron la lectura. Aunque el tiempo que pasaron juntos en Ashland fue muy profundo, David decidió que la historia que compartían estaba llena de luchas combinadas con presagios negativos de los tres astrólogos, y ese simplemente no era el camino correcto para seguir y mudarse a Ashland. Así que terminó la relación con ella mediante una llamada por teléfono que fue de gran angustia para ambos.

Unos días después, Kate llamó a Donna y le dijo que debía realizar la lectura. Donna le respondió que era muy tarde. Ella no quería saber que todo lo que sentía era correcto ahora que la relación había terminado. Al día siguiente, Kate volvió a llamar a Donna y le contó que había tenido un sueño que según ella creía le indicaba que debía venir para recibir la lectura. Donna seguía sin interés alguno en la lectura. Dos días después, Kate volvió a llamarla y le dijo que esta vez sus «guías» estaban averiguando su caso para conseguir la información para ella. Sin embargo, Donna ya no estaba interesada. Alrededor de ese tiempo, David y Donna tuvieron una conversación por teléfono para ajustar algunos asuntos. De paso, Donna le comentó la llamada insistente de la astróloga para compartir su interpretación de la lectura de ambos. David, creyendo que la lectura confirmaría las conclusiones muy similares de los otros tres astrólogos y para facilitarle a ella la terminación de la relación que tenían, la animó a concertar la cita.

Cuando Donna fue a la cita, Kate describió una armonía profunda que era más importante que las incompatibilidades superficiales que mencionaron los tres astrólogos. Kate también vio aquello en lo que se enfocaron los otros tres astrólogos, pero ella sentía que había una historia más profunda. Kate dijo: «No tendrán hijos juntos [ellos todavía estaban en la edad de los treinta años], pero su familia será la "familia del hombre"». Siendo David un psicólogo y Donna una sanadora espiritual, ambos tenían una práctica privada, pero ninguna ambición en ese entonces de trabajar juntos o expandirse más allá de sus propias practicas a nivel individual. Sin embargo, finalmente unieron sus fuerzas y con el tiempo comenzaron a colaborar, combinando sus respectivas disciplinas y talentos. Al momento de escribir esto, ya han llegado a medio millón de personas con sus clases y libros, y han entrenado a más de mil profesionales de la salud que actualmente ofrecen cada semana sus servicios a un número de personas incalculable. Proveer sanidad para la «familia del hombre» sería el propósito explícito de sus vidas.

A pesar de las simultaneidades aparentemente místicas que reunieron a David y Donna, ellos son los primeros en afirmar que su relación es como la de todos los demás. Ellos todavía se irritan el uno al otro y no entienden las señales mutuas, algo que puede resultar muy incómodo e incluso hiriente. ¿Así que son almas gemelas con un indiscutible destino juntos o simplemente otra pareja que avanza poco a poco cada día?

Después de largas carreras ayudando a las personas para que vivan en una mayor alineación con su más alto potencial —algo a lo que Abraham Lincoln se refiere como «los mejores ángeles de nuestra naturaleza»— Donna y David creen que el destino humano está determinado por tres factores esenciales: elección, suerte y casualidad. Las elecciones que hace cada día son las maneras más concluyentes en que forma su futuro.

La función de la suerte en su destino es más obvia en su herencia genética. Su altura, sus aptitudes naturales y la vulnerabilidad a ciertas enfermedades —aunque cada una pueda estar supeditada a sus elecciones y circunstancias— son hasta cierto punto determinadas por la suerte. La suerte también selecciona a su familia y las condiciones que forman su identidad y personalidad. Más allá de la simple herencia genética y la familia y la cultura de origen, el concepto de la suerte además implica que otras ciertas circunstancias de su vida también están predestinadas.

¿Cómo podría funcionar eso? Así como la estructura de un cuerpo en maduración es inherente a las energías que rodean al embrión, según fue convincentemente demostrado por Harold Saxton Burr en su trabajo sobre bioelectrodinámica, cada persona lleva una energía que puede influenciar los sucesos claves de maneras predeterminadas. La ocurrencia de sucesos que parecen tener lugar por casualidad puede estar orquestada por la mano invisible de la suerte.

Sin embargo, algunas cosas parecen ser productos de la pura casualidad, como cuando las personas se lastiman a causa de terremotos u otros desastres graves. Del lado positivo y creativo, el universo utiliza la casualidad, hasta las mutaciones genéticas al azar, como el motor de la evolución y la expansión.

Las tres —elección, suerte y casualidad— desempeñan una función en la vida de cada persona. Cualquiera sea la combinación de la elección, la suerte y la casualidad que los unió, su relación es un viaje de sus almas, una reunión de las fuentes más profundas de su ser. Como afirma el filósofo Pierre Teilhard de Chardin: «No somos seres humanos que tienen una experiencia espiritual, más bien somos seres espirituales que tienen una experiencia humana». En este sentido, el término «almas gemelas» sirve como un recordatorio constante de que está sucediendo mucho más entre ambos de lo que es evidente a nivel externo.

No obstante, el término no es útil si usted entiende que «almas gemelas» significa que a fin de que su relación sea espiritualmente válida, de alguna manera debe incluir cualidades de calma y sentido de destino mencionadas anteriormente. Este concepto no provee un conjunto realista de pautas por medio de las cuales puede medir su relación. Cuando están juntos, sus almas están creando mutuamente una nueva historia en la tierra que está influenciada por las historias antiguas que los impulsan hacia adelante. La opción no es si su relación es un viaje de sus almas, sino en qué medida usted permite esa dimensión de su relación en su conciencia e intencionalmente la fomenta.

## Simultaneidad del alma

Mis amigos Lana Love y David Almeida experimentaron ambos simultaneidades que los unieron. Lana es una sicoterapeuta y sanadora espiritual divorciada que vive en Australia. Ella estaba muy determinada a manifestar a su alma gemela, así que asistió activamente a las actividades para solteros y se dedicó a usar la Ley de la Atracción para conquistar a su ser amado. En su lista de los deseos en cuanto al alma gemela mencionó que deseaba estar con un «autor místico». Ella descubrió a un estadounidense llamado David.

Pronto encontró a David en Facebook y ambos comenzaron a intercambiar mensajes, luego siguieron correos electrónicos, textos y llamadas por Skype. Ambos tenían muy buenas conversaciones acerca del significado de la vida y el estado del mundo. Mediante estas conversaciones surgió una amistad, que luego se profundizó hasta resultar en una relación de amor. Después de una breve visita a Lana en Australia por solo cinco días, David se mudó con ella y sus hijas. Hoy, ellos son almas gemelas, amantes, mejores amigos y compañeros de negocios. Tienen un programa radial de mucho éxito llamado *Universal Soul Love* [Amor del alma universal], donde conversan sobre temas que incluyen la creación consciente del Nuevo Paradigma de la Tierra.[8]

Lana y David satisfacen sus necesidades mutuas. Desde que él llegó a su vida, Lana ha podido sanarse de la herida emocional por el abandono que sintió de parte de su padre y su primer esposo. El mayor regalo que David le ha dado es el apoyo que ella necesitaba para aplicar sus propios talentos. Lana tiene un exitoso programa de radio, está escribiendo un libro y maneja un negocio con éxito, y todo esto fue posible mediante la presencia de David en su vida. Su sueño de tener conexiones amplias y poder fortalecer e influenciar en otros ahora es una realidad gracias a su relación con David. Antes que ella lo conociera, era una madre soltera con pocos recursos para lograr sus metas. Ahora, está cumpliendo su misión más importante.

Siendo antes un detective privado, David tenía que resolver todo tipo de caso imaginable. Como resultado, perfeccionó sus habilidades para solucionar problemas. Parte de la misión de su vida es apoyar a las mujeres y su esencia femenina. Había estado casado por veinte años, pero después de la muerte de su padre tuvo una llamada de alerta que lo hizo reflexionar en si realmente deseaba vivir el resto de su vida de la misma manera que lo estaba haciendo. Deseaba nuevos desafíos y reconoció que la relación de su primer matrimonio tenía una fecha natural de expiración. Criar a dos niñas en un país extranjero mientras establecía un nuevo negocio era justo el desafío que necesitaba. A través de estas oportunidades, David pudo experimentar un gran crecimiento espiritual y personal. Lana le mostró un amor más profundo que él nunca antes había experimentado, el cual trajo mucha sanidad a su vida.

## *Un regalo de* El Secreto

La sanidad es algo que conseguimos el uno por medio del otro, aunque a menudo parece que estamos simplemente cavando profundas heridas pasadas, como un niño que palea arena mientras juega en un arenero. La historia de Lynn y Bob es un ejemplo perfecto de cómo las dificultades pueden hacer nuestras relaciones sólidas como la roca.

Cuando niña, a Lynn Rose le cautivaba la Cenicienta y todos los cuentos de hadas acerca del mundo encantado y las princesas. Ella soñaba que un día conocería a su propio príncipe, y esperaba plenamente que la llegada de su príncipe desencadenara una explosión de fuegos artificiales. Visionaba que la reunión sería una experiencia espiritual profunda y del alma que la elevaría «hasta los cielos». Y que, por supuesto, vivirían felices para siempre, ya que eso es lo que hacen los príncipes y las princesas.

Ella nunca imaginó que le tomaría aproximadamente cincuenta años encontrar a su alma gemela y que él llegaría en plena bancarrota financiera y emocional.

Lynn es una conferenciante motivacional y una compositora muy reconocida y amada, una hermosa rubia con un amplio círculo de amigos dentro del movimiento de crecimiento personal. Al haber hecho una variedad de trabajos de desarrollo emocional en sí misma, estaba consciente de que sus traumas de la infancia, causados por su padre alcohólico y una madre de espíritu crítico, impedían que experimentara una relación íntima profunda y duradera. Sus mayores problemas giraban en torno al perfeccionismo y al temor de ser controlada y «dominada».

Una tarde de invierno del año 2006, mientras estaba sentada en el sofá con su computadora portátil, comenzó a ver la película *El secreto*, la cual mostraba a un grupo de expertos de la Ley de la Atracción que explicaba cómo hacer realidad los sueños de la vida. Cuando Bob Doyle apareció en la pantalla, ella recuerda que sintió como si alguien le diera un «puñetazo en el estómago». «Me encontré escuchando con mucha atención cada palabra que él decía, e instantáneamente sentí como si nos hubiéramos conocido a través del tiempo. Incluso tuve un destello de que estábamos juntos en esta vida», recuerda.

Luego de buscarlo por Internet, Lynn descubrió que Bob era casado y con hijos, así que pronto decidió olvidarlo. Muchos meses más tarde, Lynn tenía que realizar las entrevistas en la alfombra roja y cantar en una gala benéfica. Cuando finalmente tuvo tiempo para sentarse a cenar, descubrió que no tenía designada una mesa. Observando la sala, descubrió que una mesa tenía un lugar disponible. Al sentarse, observando a la luz de la vela, vio a Bob Doyle sentado directamente frente a ella, hablando con sus amigos. Le sorprendió mucho su apariencia. El bien parecido y vibrante hombre de la película *El secreto* era apenas reconocible. Se veía preocupado, tenso y abrumado. A pesar de eso, de inmediato sintió una fuerte atracción hacia él y una química inexplicablemente intensa que trató de ocultar cuando hablaron de forma breve.

Lo que ella no sabía era que el matrimonio de Bob estaba en una situación miserable. Él y su esposa de más de veinticuatro años de casados habían tratado repetidas veces a través de los años de «salvar» su matrimonio y en el proceso tuvieron un tercer hijo, pero la relación rápidamente se había deteriorado.

Al año siguiente en la misma gala, Lynn y Bob se volvieron a encontrar. Esta vez tuvieron una conversación más larga. Conversaron acerca de la posibilidad de llevar a cabo un proyecto de negocios juntos. El día después de la cena de gala ambos colaboraron en un cortometraje, y aunque ella otra vez sintió una atracción química hacia él, ninguno de los dos lo admitió.

Bob volvió a la costa este, mientras que Lynn permaneció en Los Ángeles. En este tiempo, ellos comenzaron a hablar con regularidad. Continuaron sus conversaciones sobre algunos proyectos de negocios juntos, pero a medida que comenzaron a conocerse mejor, finalmente Bob se abrió y le comentó acerca de su vida y el deterioro de su matrimonio.

Durante este tiempo, Lynn empezó a sospechar de que Bob podría ser su alma gemela y se sorprendió del nivel de intereses y conexiones que compartían, pero no quería hacer o decir algo para no quebrantar a la familia de Bob. En realidad, ella lo animó a que buscara ayuda y así estar seguro de que había hecho todo lo posible antes de que decidiera separarse.

Finalmente, Bob entendió que sería mejor para él, su esposa y sus hijos que pidiera el divorcio a pesar de sus aprensiones en cuanto a separarse de los chicos. Él había tratado de separarse numerosas veces en la última década, pero esta vez se mostró firme con su decisión.

Un mes después de oficialmente divorciarse, Bob fue a Los Ángeles para un evento y llamó a Lynn a fin de reunirse con ella mientras permanecía allí. En ese tiempo, Bob estaba pasando por el drama de la separación con su esposa, se sentía tenso, con mucho temor y reservas. Al mismo tiempo, Lynn experimentaba también su propia agitación. A pesar del conflicto en sus vidas respectivas, esa química, ese vínculo, sin dudas estaba presente. A partir de ese momento, la amistad que compartían pasó a un nivel de conexión romántica. Las cosas cambiaron rápidamente desde entonces, tal vez muy rápidamente.

«Tres semanas más tarde de la llegada de Bob a Los Ángeles, alrededor de dos meses después de su divorcio, él prácticamente se mudó conmigo, ya que estaba casi en bancarrota financiera y era necesario que no gastara dinero en un lugar donde quedarse. Ambos estábamos en nuestra propia modalidad de supervivencia en ese tiempo, y todavía así se sentía que era lo correcto que debíamos hacer. Esta es una manera loca de comenzar una relación. Nunca llegamos a tener una fase de enamoramiento paulatino o una fase de luna de miel».

Confiando fuertemente en su intuición de que Bob era su alma gemela y algún día encontrarían la manera de ser verdaderamente felices juntos, Lynn se convirtió en la pareja fuerte, responsabilizándose de la carga financiera, siendo la animadora del Equipo Lynn & Bob, y ayudándolo a restablecer su confianza. Lynn admite que su fantasía de ser «cuidada» distaba mucho de realizarse durante el principio de su relación con Bob. «Cuando me cuestionaba si solamente estaba engañándome», explica ella, «tenía que depender de mi más "profundo conocimiento" y de una "constante elección" para pasar la siguiente hora, día, semana o mes, escogiendo constantemente el amor y la confianza incondicional».

Durante los dos años siguientes, establecieron una relación sólida y un negocio juntos, y se convirtieron en instrumentos de crecimiento y expansión mutuos. El ingenio de Bob en la tecnología y su fama por estar en *El secreto*, combinado con el conocimiento de Lynn de los medios de comunicación y el cuidado de la clientela, contribuyeron al éxito que lograron.

Les tomó seis meses de trabajo y mucho agotamiento diario obtener el nivel de ingresos que necesitaban y deseaban. Mantener el negocio también consumió mucha energía a largo plazo, pero además les proporcionó la estabilidad que necesitaban para ahora dedicarse a su verdadera pasión de ser socios en el lanzamiento de una marca de música curativa. Como resultado, finalmente han recuperado su sentido del equilibrio —a nivel financiero y emocional— y crearon una marca que tiene un impacto positivo en el mundo, lo cual solo pudo lograrse a través de la colaboración particular de ambos.

En lo personal, el amor de Lynn por la vida y su manera entusiasta de ser en el mundo disipó la nube oscura que flotaba sobre Bob debido a los años de sentirse opacado en su matrimonio anterior. La compasión y la aceptación de Lynn de los desafíos y las tensiones de Bob le dieron la libertad de hacer una transición de un tiempo muy difícil a un lugar donde ahora él está prosperando.

«En todo caso, sentimos como si hubiéramos procedido al revés», dice Lynn. «Fuimos arrojados al fuego desde el principio, soportamos todo tipo de tormentas, y tuvimos que resistir la prueba del tiempo y los desafíos. Ahora podemos relajarnos en el vínculo de la relación misma. La mayoría de las relaciones comienzan como una fantasía y luego son probadas cuando surgen los problemas. Nosotros hemos invertido esa manera de hacer las cosas y somos mucho más fuertes por ello. Ahora sé que un alma gemela es una pareja semejante a un espejo para que podamos crecer y descubrir quiénes somos, quiénes podemos ser, y quiénes estamos destinados a ser». Hoy ellos dan el ciento por ciento el uno por el otro. Como los mejores amigos, amantes y socios de negocios, son también socios de vida comprometidos mutuamente que se aman de forma incondicional con honestidad, confianza implícita y comunicación franca. Incluso ambos creen que han estado juntos en vidas anteriores.

«A pesar de las dificultades extraordinarias y el dolor que pasamos al principio, finalmente hemos empezado la fase de "luna de miel". Valió la pena todo lo que tuvimos que soportar, y estamos agradecidos por los dones de profundo crecimiento que hemos experimentado como resultado, así como por la forma en que nos hemos unido para contribuir de manera particular al mundo como pareja», concluye Lynn.

Las relaciones del alma profundizan nuestra experiencia mutua. Sin embargo, como con cualquier relación, las relaciones de las almas gemelas no son nada fáciles. La buena noticia es que nos conectan de maneras poderosas que pueden ayudarnos cuando las cosas se vuelven difíciles.

CINCO

# Es normal tener diferencias irreconciliables

*Su tarea no es buscar amor, sino simplemente*
*buscar y encontrar todas las barreras en su*
*vida que ha levantado contra el amor.*

*Rumi*

El matrimonio es como una maratón. Ser un corredor de maratón requiere un esfuerzo constante para mantenerse en buena forma física. La noche antes de la gran carrera uno experimenta entusiasmo, expectación y quizás un poco de temor. Es posible que su inquieta mente se llene de pensamientos. ¿Puedo realmente hacer esto? ¿Entrené lo suficiente? ¿Llegaré a la línea de llegada? ¿Tendré la energía interna y la determinación para seguir adelante cuando me falten las fuerzas?

La noche antes de la boda, la mayoría de las que son novias por primera vez esperan su «momento de princesa», y si acaso sienten algún estrés de último minuto, probablemente es relacionado con la comida, las flores, o si el loco del tío Joey se emborrachará antes de la cena. Su preparación para el acontecimiento principalmente se centra en los detalles de la ocasión, escoger el vestido de bodas correcto, enviar las invitaciones, hacer la lista de regalos, y planear una luna de miel memorable.

La diferencia entre las novias y los corredores se puede resumir de esta manera. Casi la mayoría de los corredores pasan meses, a veces años, entrenando a fin de estar aptos físicamente para la maratón. Ellos no están comprometiéndose para una carrera corta en el parque. Saben que necesitan prepararse a nivel físico y mental de modo que puedan soportar este evento de resistencia extenuante.

¡Imagínese si parte de la preparación para la boda incluyera ser una «estudiante del amor»! La verdad es que no muchas personas piensan en el matrimonio mientras se preparan para la boda. Sin embargo, ¿cómo pueden pensar en eso? Los que se casan por primera vez carecen del contexto o la experiencia para comprender el nivel de compromiso que están asumiendo. La mayoría de las personas ni siquiera pueden percatarse de algo más allá de la boda misma. Las relaciones se beneficiarían grandemente si la preparación solo para «el gran día» cambiara a una preparación para «la gran vida juntos».

Aquí está la buena noticia: no es muy tarde para comprometerse a «entrenarse» a fin de tener una vida llena de amor y gozo en su relación.

Uno de los hechos más liberadores y sorprendentes acerca del matrimonio que he escuchado proviene del psicólogo e investigador de la Universidad de Washington, el Dr. John Gottman, quien descubrió que todas las parejas tienen al menos nueve diferencias irreconciliables. Estas son cuestiones «indeterminables» que a menudo son la causa de los argumentos. A continuación he enumerado diez de las más comunes:

Los suegros y la participación de la familia extendida

Balance entre el hogar y el trabajo

Comunicación

Sexo

Hábitos personales y particularidades

Compartir las responsabilidades de la casa

Los amigos

Los puntos de vista políticos

El dinero y las deudas

La disciplina de los hijos

Veamos un ejemplo de cómo una pareja arregló sus diferencias acerca del dinero.

Debido a que conoció a Denis a la edad de cuarenta años, Peggy McColl se había acostumbrado a la responsabilidad de proveer para sus necesidades financieras. Su negocio exitoso le proporcionaba un ingreso suficiente para sí misma. Sin duda, ser una empresaria implicaba un riesgo financiero, pero su sistema de creencias estaba basado en la confianza y un compromiso apropiado a cumplir sus obligaciones financieras con facilidad y armonía. En síntesis, Peggy mostraba una actitud de abundancia financiera, no de temor o necesidad.

Ella era cautelosa por naturaleza, pero Denis había sido entrenado como piloto militar y nunca subía a bordo de un avión sin un plan secundario. Él creía que esto era una manera inteligente de pensar, pero Peggy lo entendió como negatividad. Ella enfatizaba la posibilidad; él resaltaba la precaución.

Peggy interpretó las preguntas de sondeo de Denis sobre el dinero como si él no confiara o creyera en ella. A cierto nivel, se sentía atacada y sorprendida por su determinación en cuanto al asunto del dinero. Una noche, durante la cena, Peggy decidió llegar al fondo del asunto. Abordando el tema con suavidad, le preguntó a Denis por qué se preocupaba tanto por el dinero, ya que ambos estaban bien financieramente. Él le reveló que en su matrimonio anterior su esposa había sido muy irresponsable con el dinero. Y describió cómo una vez había gastado dos veces su salario de un año, agregando así una carga financiera sustancial a su fluctuante relación. Sus hábitos de gastos imprudentes crearon graves tensiones en su matrimonio, algo que él quería que no se repitiera. Como Denis fue entrenado para tener un plan de apoyo secundario, necesitaba tener la seguridad de que todo estaría bien en caso de que, ya fuera por accidente o enfermedad, Peggy no pudiera ganar un ingreso. Su mayor preocupación se enfocaba en que él debía asumir toda la carga financiera si ella no era capaz de contribuir. Su preocupación no provenía de desconfianzas o dudas sobre las decisiones económicas de Peggy; simplemente él necesitaba tener la seguridad de que las cosas marcharían bien para su tranquilidad.

Mientras consideraba la conversación que habían tenido, Peggy tuvo una gran revelación unas noches más tarde. Estaban acurrucados juntos en el sofá, mirando un partido de hockey por la televisión y disfrutando de su pizza favorita, cuando repentinamente Peggy entendió que sus puntos de vista acerca del manejo del dinero combinados les ofrecían algo de valor increíble: seguridad a largo plazo y tranquilidad. Comprendió que su actitud de tener siempre abundante dinero concordaba muy bien con la cautela de Denis. Él no solo tenía un plan A, sino también un plan B. Estaba entrenado y preparado en caso de que surgieran problemas inesperados.

Dos cosas surgieron de las diferencias de dinero de la pareja: respeto y visión a largo plazo. Cuando Peggy se dio cuenta de la causa de la cautela de Denis en cuanto al dinero, compró tres tipos de seguros e hizo algunas inversiones para tener una mayor red de seguridad. También aprendió a respetar la manera de pensar de Denis sobre el dinero y no trató de disuadirlo para que pensara como ella.

Imagine que sabe antes de casarse que habrá una larga lista de cuestiones importantes en las que nunca estarán de acuerdo, o sobre la que discreparán activamente durante algún tiempo. Ahora imagine que comprende que esto es normal y solo necesita aprender las habilidades y maneras para amar, respetar y prosperar a pesar de lo que parece ser un caos y una división.

Algo que Brian y yo decidimos hacer al principio de conocernos fue poner nuestra relación en primer lugar. Nos hicimos uno al otro la promesa de que nuestras elecciones se basarían no en lo que Arielle o Brian quería, sino en lo que era mejor para nuestra relación. Este compromiso compartido significaba que cuando nos topáramos con los desacuerdos y las molestias inevitables, ninguno amenazaría con irse, y que ambos tendríamos la responsabilidad de buscar una solución.

Aprender a tratar los temas con su pareja empieza con ser amable, respetuosa y cariñosa. Las encuestas han demostrado que el noventa y seis por ciento del tiempo la parte más importante de un diálogo difícil con la pareja son los primeros tres minutos. Esos primeros minutos predicen cómo será el resto de la conversación. Al decidir anticipadamente que desea tratar el tema con su pareja con amabilidad, respeto, cariño y tal vez algo de humor, garantizará una mayor posibilidad de un desenlace feliz.

Gottman considera que, al hablar de las diferencias, es imprescindible evitar lo que él denomina los «cuatro jinetes del Apocalipsis»:

1. La crítica (atacar el carácter de su pareja).

2. El desdén (expresar desencanto, que es el factor principal que separa a las parejas).

3. Ponerse a la defensiva (culpar y contraatacar el carácter de su pareja).

4. Ser evasivo (mostrarse indiferente o ignorar deliberadamente a su pareja).

Recuerde tratar los asuntos con gentileza y calma, usando en sus declaraciones el pronombre «yo» en vez de hablar de manera acusatoria, crítica o sarcástica. No culpe ni avergüence, más bien hable por sí misma. Por ejemplo, puede decir: «Me sentí poco apreciada e ignorada durante la cena anoche, cuando estábamos con el matrimonio Smith». O tal vez: «No me siento apoyada cuando comento que necesito más ayuda con mis proyectos actuales».

Si usted es la que está escuchando las declaraciones de su pareja, recuerde no mostrar ninguna de las conductas de los «cuatro jinetes del Apocalipsis», más bien, vuélvase hacia su pareja y de manera cariñosa y con tono afectivo diga: «Cuéntame más. Quiero entenderte y hacer lo que sea correcto para nosotros».

En 1990, Gottman condujo un estudio en un retiro con ciento treinta parejas recién casadas y seis años después hizo un seguimiento con ellas. Uno de sus mayores descubrimientos fue que acercarse a su pareja, o responder a lo que él llama una «oferta», es un fuerte indicador de un matrimonio exitoso. Todo el día nuestra pareja nos hace peticiones para conectarnos. A menudo, Brian quiere compartir conmigo artículos que lee en los periódicos y revistas, los cuales disfruta y piensa que a mí también me interesarían. Aunque con frecuencia estoy haciendo otras cosas, me detengo, escucho su «propuesta» y miro lo que desea ofrecerme. Noventa y nueve por ciento de las veces él tiene razón: en realidad encuentro interesante lo que me comenta. Si lo ignoro o me alejo, él lo percibirá como una señal de mi falta de interés.

Seis años después de su retiro con los que pasaban su luna de miel, Gottman descubrió que las parejas que todavía seguían casadas le habían prestado atención a la «oferta» ochenta y siete por ciento de las veces. En nueve ocasiones de cada diez satisfacían las necesidades emocionales de su pareja. Por otro lado, las parejas que ya se habían divorciado o eran muy infelices en su relación le habían prestado atención a la «oferta» solo un treinta y tres por ciento de las veces. Gottman les llama a los que han tenido éxito en el matrimonio «expertos» y a los que han fracasado «desastres».

«Hay un hábito mental que tienen los expertos, que es este: observan su entorno social para notar las cosas que pueden apreciar y dar las gracias por ellas. Ellos intencionalmente están edificando esta cultura de respeto y apreciación. Los desastres observan el ambiente social para resaltar los errores de su pareja», explica Gottman.[9] Los expertos crean un clima de confianza e intimidad, mientras que los desastres crean un clima de crítica y división. Es muy simple, los expertos buscan lo correcto, mientras que los desastres buscan lo incorrecto.

## La bondad como un músculo

Sabemos que el desprecio y la crítica matan el romance en el matrimonio. El antídoto es practicar la bondad. La bondad ha demostrado ser uno de los mayores indicadores de la felicidad a largo plazo. Piense en la bondad como si fuera un pegamento muy fuerte para el amor.

Ser bueno no quiere decir que usted debe ser agradable y pretender que no siente lo que en realidad siente. Ser bueno significa que es auténtica. Usted puede expresar su enojo y dolor, pero lo importante es cómo manifiesta sus emociones. En lugar de culpar al otro, explica por qué está dolorida o enojada. Esa es la manera bondadosa de hacerlo.

Si no es bondadosa naturalmente, recuerde simplemente practicar como si estuviera desarrollando un nuevo músculo. Cuando sienta que comienza a culpar, despreciar, criticar, ser defensiva o mostrarse indiferente, dé un paso, respire hondo y cuente hasta diez. Mientras más nos demos cuenta de nuestras respuestas involuntarias, más rápido podremos entender las señales que estamos enviando y alterar nuestra conducta la próxima vez.

## Tenemos que hablar

Crear el ambiente para tener una conversación afectuosa, respetuosa y bondadosa no es algo que sucede cuando una comienza diciendo en un tono de voz amenazante: «¡Tenemos que hablar!». Excepto tal vez cuando escucha que su doctor le dice: «Tiene cáncer». Las palabras «tenemos que hablar» probablemente son las más turbadoras que una persona le puede decir a otra. Cuando sienta que está a punto de explotar y con gran agitación emocional, la comunicación efectiva solamente podrá ocurrir si se calma, enfoca y tiene claridad. Al final de este capítulo, ofrezco varias sugerencias para una liberación emocional efectiva que uso con frecuencia.

Harville Hendrix afirma que la cualidad primordial de un gran matrimonio es la seguridad. Debemos sentirnos física y emocionalmente seguros con nuestra pareja, así como también conectados y apasionados. Cuando sentimos seguridad con nuestra pareja, podemos bajar nuestras defensas y percibir un sentido de conexión del uno con el otro. Y con este sentido de conexión, viene también la vitalidad y el gozo relajante.

Harville agrega también que la crítica es «una forma de violencia». «Ya sea que la crítica se manifieste de manera gentil o cruel, esta implica un juicio», explica. Él recomienda que todas las parejas hagan un voto sagrado de cero negatividad. La cero negatividad resulta cuando ambas partes «se comprometen totalmente a evitar toda conducta denigrante y los comentarios negativos. Es imperativo que cada una de las partes haga un voto serio de compromiso con esta forma de conducta. El compromiso no solo debe ser temporal, sino permanente».

Pedir este tipo de compromiso puede ser tan fácil como decirle a su pareja: «¿Sabes cariño? Me encanta cómo haces A, B y C para mí y por nuestra familia. Eres el mejor cuando haces D y E. Quiero que continuemos creciendo juntos y tengamos una excelente relación donde ambos podamos sentirnos emocionalmente seguros. El otro día escuché acerca de la Promesa de Cero Negatividad, por medio de la cual acordamos nunca denigrarnos o hacer comentarios negativos el uno del otro. Me gustaría que nos pusiéramos de acuerdo para que ambos hagamos esto. ¿Qué te parece?»,

Si recibe alguna resistencia de su pareja, ya que él siente que necesita hacerle de vez en cuando algunos «comentarios», pregúntele si estaría dispuesto a decírselo de manera bondadosa, gentil y en un tono de voz más cálido. Es posible que su pareja no cambie inmediatamente, pero si se siente criticada, puede responder con un tono de voz neutral: «¿Estarías dispuesto a decirme eso mismo de una manera diferente?». Cero negatividad no significa que no pueda pedir cambios en el comportamiento o que calle sus preocupaciones o deseos; se trata de la forma en que se hace la pregunta.

Generalmente, soy de las que no confrontan, actuando como una cobarde cuando se trata de «conversaciones serias». Si mi esposo y yo tenemos que «hablar», siempre espero que terminemos lo más rápido posible, aunque Brian se siente bastante cómodo explorando las cuestiones desde cada ángulo. A diferencia de mí, Brian tiene la curiosidad y la energía para hablar por horas, y en algunos casos, incluso días.

A pesar de nuestras diferencias, que usted podría pensar que son irreconciliables, hemos descubierto con el paso de los años que la comunicación es el puente entre la separación y la unión. Gracias a nuestra experiencia con muchos expertos de la comunicación, hemos aprendido un secreto que quiero transmitirle: la oportunidad es lo principal.

Imagine que trata de construir la ciudad de Roma mientras en realidad tiene otros proyectos que terminar primero. Se crea mucha tensión cuando alguien se siente tironeado en varias direcciones. Si tiene algo importante que compartir con su pareja, no procure decirle lo que piensa cuando está ocupado, tensionado o distraído de otra manera.

¿Cómo saber cuándo es el momento indicado? Pregunte. Una manera de empezar con el tema es pronunciando estas simples palabras: «¿Te parece que es un buen momento para que conversemos? Tengo un asunto que encuentro algo difícil y necesito comentarlo contigo». Si «ahora» no es un momento oportuno, pregúntele cuándo tendrá el tiempo para que puedan hablar.

Antes de ir directo al punto del asunto, recuerde ordenar sus pensamientos para comenzar con expresiones de cariño y aprecio. Comience hablando desde su corazón. Sea sensible y hable usando el pronombre «yo» en un tono cálido y sin acusar.

Procure que la conversación sea breve, no más de treinta minutos (diez minutos es ideal para la mayoría de los hombres), y si necesita más tiempo, haga una pausa de unos minutos y luego vuelva al asunto. No trate estas conversaciones como una competición donde uno pierde y el otro gana.

Piense en el asunto. ¿Cómo puede usted ganar cuando la persona que más ama en el mundo está perdiendo?

El ambiente es otro aspecto importante que debe considerarse cuando desarrolla una conversación difícil. Brian y yo siempre conversamos cuando salimos a caminar. He oído decir que a algunas parejas les resulta más fácil y propicio conversar cuando están juntos en el vehículo. Tener conversaciones importantes mientras pasean o viajan juntos es mejor que entablar una conversación seria sentados uno frente al otro, puesto que esa postura no ayuda a crear el ambiente adecuado de «ahora estamos cultivando la relación». Según los expertos en el amor Gay y Kathlyn Hendricks, este ambiente muy casual «libera la energía creativa», y si conversan mientras caminan «están bombeando sangre y oxígeno a través del cuerpo y el cerebro en vez de estar sentados». Como a Kathlyn le gusta decir: «¡Si es físico, es terapia!».

Sin importar dónde y cuándo decidan hablar de corazón a corazón, recuerde que son un equipo que trata de resolver un problema de modo que resulte en ganancia para la relación y que están comprometidos a hacerlo con amor, respeto y amabilidad.

## Cómo escuchar cuando tu pareja necesita hablar

Una de las mejores maneras de oír atentamente para que su pareja sienta la seguridad de que lo «escucha» es aprender una técnica sencilla y fácil de cinco pasos conocida como el Diálogo de Imago.

Paso 1: *Escuche* sin interrumpir.

Paso 2: Actúe como un *espejo*. Cuando su pareja deje de hablar, repita lo que ha oído lo mejor que pueda. Pregunte: «¿Entendí lo que dijiste?». Y luego: «¿Tienes algo más que decir?».

Paso 3: *Resuma*, especialmente si su pareja ha agregado «algo más». Después, pregunte otra vez: «¿Entendí todo?».

Paso 4: *Confirme*. «Lo que dijiste tiene sentido para mí». Esta declaración no significa que está de acuerdo con su pareja; simplemente le deja saber que comprende lo que dijo.

Paso 5: Muestre *empatía*. Hágale saber que se puede imaginar, si estuviera en su posición, de qué forma su pareja puede estarse sintiendo, tal como dolido, enojado, desilusionado y otras cosas más.

Cuando escucha de manera cuidadosa y estructurada, su pareja sentirá que usted la ve la oye y la comprende.

Ya ha recibido varias sugerencias para mejorar la comunicación con su pareja. Sin embargo, ¿qué sucede si usted se encuentra en un punto de quiebre, abrumada emocionalmente y sin poder hablar de un modo apropiado? Poder manejar la agitación emocional es una habilidad muy importante que mejorará no solo su calidad de vida, sino también la calidad de su relación. Con el paso de los años he creado una serie de herramientas a nivel emocional para que me ayuden a corregir mi estado de ánimo cuando me siento estresada, ansiosa, o simplemente fuera de balance conmigo misma y mi entorno. A continuación le presento varias herramientas muy buenas de liberación emocional que resultan eficaces.

## Golpeteo

El primer método incluye una técnica de alivio personal que se conoce como *Golpeteo TLE*, siglas que significan Técnica de Liberación Emocional. Como he usado diariamente este método por años, he podido liberarme de muchas clases de agitación emocional, dolor físico, ¡e incluso del bloqueo mental! Respaldada por la investigación, esta técnica eficaz implica el uso de los dedos para golpear ligeramente los puntos de acupresión en la cabeza, el cuerpo y las manos. Millones de personas han descubierto que constituye una forma efectiva de terapia para la ansiedad, la depresión, la ira, el estrés postraumático y mucho más.

Mi querido amigo Nick Ortner es un experto reconocido a nivel mundial en el golpeteo ligero y además autor de *The Tapping Solution* [La solución del golpeteo]. A continuación encontrará una guía paso a paso para usarla cuando sienta temor o ansiedad antes de tener una charla seria con su pareja.

Con esta técnica del golpeteo ligero podrá liberar bloqueos internos para mejorar la comunicación en su

> El alma es el centro del ser. Es eterna. No existe en el espacio/tiempo, un campo de posibilidad infinita y creatividad infinita. Es el punto de referencia interna de su ser con el que debe siempre estar en contacto.
>
> Deepak Chopra

relación. Incluso cuando deseamos mejorar la comunicación en una relación ya sea con nuestra pareja, madre, hijo, amigo o vecino, todavía con frecuencia experimentamos una resistencia interna. Hay muchas razones diferentes por las que nos resistimos a la idea de sincerarnos en una relación. Es probable que en un determinado momento haya ocurrido una violación de la confianza o hayamos experimentado reacciones negativas en el pasado que nos hicieron sentir inseguros cuando fuimos francos y vulnerables. Puede ser también que nos enseñaran que expresar las emociones, que es una parte necesaria para mejorar la comunicación en las relaciones, de alguna manera resulta inaceptable o inapropiado.

En cualquier caso, para mejorar la comunicación en una relación, primero tenemos que lidiar con nuestros propios bloqueos internos a fin de ser más abiertos con esa persona en particular. Este ejercicio le servirá como guía para realizar el proceso de golpeteo y además le provee un lenguaje general e ideas de cómo hacerlo.

Como siempre, si el lenguaje no se aplica a usted, puede cambiarlo para que se ajuste a sus necesidades. A medida que hace el ejercicio, note cualquiera de las ideas específicas, los pensamientos, las impresiones, las emociones o los recuerdos que puede emplear para llevar a cabo la técnica ya sea durante esta sesión o en la suya propia. Mientras más específica pueda ser con su experiencia particular, lo que está sintiendo exactamente, lo que sucedió y lo que cree, mejor serán los resultados. Antes de que comience el proceso, es mejor que se califique en una escala del 0 al 10, donde el 10 significa que sufre un malestar emocional extremo. De esta manera, después de cada sesión de golpeteo, usted puede determinar su progreso y comprobar que con el tiempo reducirá las molestias hasta 1 o 2, o incluso cero.

## Técnica del golpeteo ligero

Primero, dedique unos minutos a hacer lo que llamo golpe «negativo» o «verdad». Golpee un área o dos mientras expresa lo que siente en ese momento. El propósito no es enfatizar el sentimiento, sino más bien reconocerlo y dejarlo ir. Considerarse segura para reconocer cómo se siente y hablar la verdad acerca de su actual experiencia es uno de las cosas más poderosas que pueda hacer.

Luego, enfóquese en una relación con la que quiera mejorar la comunicación. Visualice que le expresa francamente a esa persona cómo se siente. En esta visualización, compartirá más de sí misma y su vida con esa persona.

Haga eso ahora y considere cómo se siente. ¿Qué tan incómoda e insegura se siente al abrirse a esa persona? ¿Está dispuesta a ser franca y honesta, incluso sin saber qué tipo de reacción recibirá como respuesta? Note eso y considere ese sentimiento. ¿Qué resulta? ¿Qué siente en su cuerpo cuando visualiza que se sincera con otra persona? En la escala del 0 al 10, ¿qué tan incómoda se siente al abrirse con esta relación en particular?

Ahora respire hondo tres veces mientras se siente segura y firme en su cuerpo. Siéntase presente en tiempo y espacio. Experimente la emoción de abrirse a otra persona. Ahora comenzaremos golpeando ligeramente tres veces en el punto del golpe de kárate.

A medida que golpea cada una de las partes del cuerpo según la lista, repita las frases correspondientes.

Lado de la mano:

«Aunque me sienta bastante incómoda de ser franca y honesta con esta persona...».

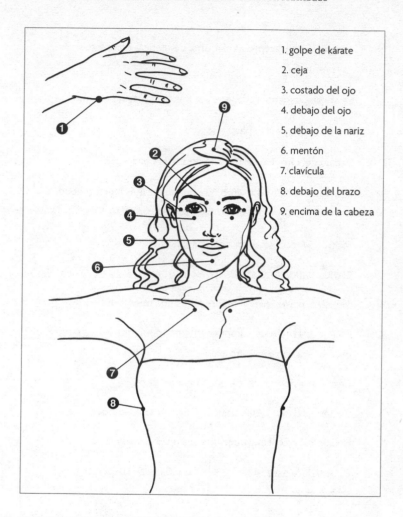

1. golpe de kárate
2. ceja
3. costado del ojo
4. debajo del ojo
5. debajo de la nariz
6. mentón
7. clavícula
8. debajo del brazo
9. encima de la cabeza

«Me amo a mí misma y acepto cómo me siento».

«Aunque ser más abierta en mi comunicación con esta persona parece muy arriesgado...».

«Me amo a mí misma y acepto cómo me siento».

«Aunque ser franca con esta persona se siente como una muy mala idea...».

«Me amo y acepto a mí misma de manera completa y profunda».

Ceja: «Simplemente no puedo ser franca con esta persona».

Costado del ojo: «No parece seguro».

Debajo del ojo: «No sé cómo la persona reaccionará».

Debajo de la nariz: «No creo que pueda ser más franca y honesta con esta persona».

Mentón: «Probablemente terminaré herida».

Clavícula: «Podría herir a esa persona».

Debajo el brazo: «Simplemente no es una buena idea».

Encima de la cabeza: «Simplemente no me siento segura siendo más abierta con esta persona».

Ceja: «No estoy segura de que lo puedo hacer».

Costado del ojo: «¿Qué pasaría si alguien sale herido?».

Debajo del ojo: «No parece que sea una buena idea».

Debajo de la nariz. «Es muy difícil confiarle a esta persona mis sentimientos».

Mentón: «Simplemente no lo quiero hacer».

Clavícula: «Pero si no me abro, probablemente las cosas no van a cambiar».

Debajo del brazo: «Nuestra relación probablemente nunca mejorará».

Encima de la cabeza: «Y esta relación es muy importante para mí».

Ceja: «Quiero que esta relación mejore».

Costado del ojo: «Y puede que eso signifique que debo ser sincera».

Debajo del ojo: «Debo estar dispuesta a comunicarme».

Debajo de la nariz: «Puede que eso signifique correr algunos riesgos».

Mentón: «Es posible que no me sienta segura».

Clavícula: «Y eso está bien».

Debajo del brazo: «Reconozco las partes de mi vida que no se sienten seguras».

Encima de la cabeza: «Sinceridad».

Ceja: «¿Qué tal si al menos comienzo?».

Costado del ojo: «No tengo que hacerlo todo al mismo tiempo».

Debajo del ojo: «Puedo comenzar siendo un poco más abierta con esta persona».

Debajo de la nariz: «Poco a poco puedo compartir más acerca de cómo me siento».

Mentón: «Y eso todavía me causa temor».

Clavícula: «Y eso está bien».

Debajo del brazo: «Porque lo que más me causa temor es no tratar de mejorar nuestra comunicación».

Encima de la cabeza: «Es momento de hacer este cambio ahora».

Siga golpeando ligeramente a su propio ritmo a través de los puntos, moviéndose de la ceja al costado del ojo, luego hasta debajo del ojo, continuando así y procurando sentir las emociones de su cuerpo. Visualícese hablando con esa persona. Visualícela ahora. ¿Qué necesita decir? Visualice lo que dice a la persona. ¿Cómo se siente cuando habla? ¿Siente alguna tensión o miedo en su cuerpo?

Simplemente, continúe desarrollando esa escena en la que dice lo que necesita. Siéntase conectada, segura, abriendo su corazón, estando presente en ese momento, hablando su verdad con amor y compasión. Visualice que expresa lo que necesita decir y perciba cuán bien se siente por ser sincera, amorosa y experimentar esa sensación. No importa lo que la persona dice o cómo él o ella reacciona, usted está hablando su verdad y siente seguro su cuerpo al hacerlo.

Vuelva a repasar esa escena una vez más, golpeando ligeramente a través de los puntos y sintiéndose más segura cada vez que lo hace. Libere todas las experiencias, memorias o cualquier cosa negativa anterior que le impida sentirse segura al comunicarse. Libérese de todos estos temores. Sienta que su corazón se abre otra vez, sienta la seguridad de confiar, comunicarse, hablar la verdad, y experimente cuán bueno es ser fuerte, cariñosa, bondadosa. Perciba ese sentimiento en su cuerpo.

Cuando termine, abra lentamente los ojos y deje de golpear los puntos.

Respire profundo y perciba lo que ahora está sintiendo. Vuelva a repasar la escena otra vez. Visualice que es sincera con esa persona y conteste las preguntas siguientes. ¿Se siente todavía incómoda? ¿Cuál es la intensidad del sentimiento en la escala del 0 al 10? ¿Era la intensidad antes 10 y ahora es 8 o 5? Eso significa que está avanzando en la dirección correcta, liberándose de la resistencia. ¿Qué más sucedió durante ese proceso? ¿Qué otras emociones, memorias e ideas experimentó?

Dedique un momento a escribir cualquier otra cosa que haya surgido durante el ejercicio. Puede seguir con la sesión de golpes ligeros con respecto a ese asunto o comprometerse a lidiar con el mismo en el futuro, abriéndose a una relación y hablando la verdad con amor y compasión, lo cual puede cambiar todo. Comprométase a continuar liberándose de cualquier resistencia que tenga acerca de este asunto y a mejorar la comunicación en sus relaciones.

Este método toma un poco de tiempo, pero hay un segundo enfoque que puede emplear cuando nota que las emociones empiezan a surgir. Es tan sencillo como dejar caer un lápiz.

## El método Sedona

Una de las técnicas más rápidas y efectivas de liberación emocional que uso con regularidad es el método Sedona. He tenido la buena fortuna de aprenderlo de un experto, Hale Dwoskin. Él primero fue mi cliente, pero ahora felizmente lo llamo mi amigo. Como autor del libro *El método Sedona: La clave de la felicidad, el éxito, la paz y el bienestar duradero*, considerado por el *New York Times* un éxito de ventas. Hale ha estado ayudando por cuatro décadas a hombres y mujeres a tener relaciones felices, sanas, satisfactorias y divertidas.

El método Sedona es una forma sencilla de aprovechar nuestra capacidad natural para liberarnos de los sentimientos que obstaculizan que obtengamos, seamos y hagamos lo que escogemos. En cuestión de segundos puede liberarse de la ira, el dolor, el miedo, la frustración, la decepción, la preocupación y la ansiedad. Este método es particularmente de mucho beneficio cuando uno siente ganas de rendirse.

El primer paso en el proceso es permitirse a sí misma *honrar lo que siente*. Así que, simplemente permítase sentir lo que está sintiendo. Por ejemplo, si está enojada hasta el «nivel 10», procure no pretender que no siente enojo ni trate de encontrar una manera de distraerse. Más bien, tómese un tiempo para sentir dónde verdaderamente se encuentra: en el nivel 10 del enojo.

A continuación, puede *hacer una elección*. Puede elegir permanecer enojada, o puede elegir averiguar lo que en realidad está sucediendo en su corazón. A veces el enojo que sentimos es justificado y a veces no. De cualquier manera, podemos aprender a dejar ir el enojo y volver a descubrir lo que realmente es cierto para nosotros.

Si usted decide descubrir lo que hay en su corazón, el próximo paso *es reconocer que puede liberarse de ese sentimiento*. Una buena prueba consiste en tratar de mantener el nivel de enojo por cinco minutos o más. ¿Puede hacer esto? Es probable que piense en otras cosas en esos pocos minutos de concentración. El enojo resulta agotador. La buena noticia es que si no puede continuar enojada, eso es una señal de que es capaz de avanzar, aunque solo sea por un minuto o dos. En solo esos pocos minutos podrá probarse a sí misma que es posible *liberarse* del enojo.

No importa si su pareja merezca el perdón o no. Es su opción y afecta su bienestar ante todo. Cuando decide dejar ir las cosas, también libera a la persona más importante: usted. Una vez que lo haga, todo tipo de nuevas posibilidades se abrirán para usted.

Una de las primeras veces que escuché a Hale a hablar ante una multitud del método Sedona, consideré que el concepto de «dejar ir» algo era muy vago para mí. Sonaba muy simple. ¿Solo tienes que liberarte? Para mí no estaba claro en absoluto.

Entonces Hale nos pidió que hiciéramos un ejercicio. Tomamos un lápiz con la mano derecha, lo apretamos en el puño y lo sostuvimos con el brazo extendido. Luego Hale nos instruyó a que a la cuenta de tres, simplemente abriéramos la mano y *lo soltáramos*.

Finalmente, lo entendí. Soltar puede ser algo rápido y fácil. Aquí comparto algunas preguntas que puede usar para liberarse:

1. «¿Puedo dejarlo ir?». Reflexione profundamente aquí. ¿Puede realmente hacerlo? Si alguna vez ha tirado la pelusa de la secadora, entonces también puede liberarse de los malos sentimientos.

2. «¿Lo dejaré ir en verdad?». Aquí radica la pregunta acerca de la disposición. ¿Prefiere sentirse infeliz o feliz y libre para tener paz y claridad mental?

3. «¿Cuándo lo voy a dejar ir?». «¿Cuándo?» es una invitación para decidir escoger dejarlo ir y ser libre ahora.

Estas preguntas parecen simples, y lo son. Es por eso que resultan eficaces. Al igual que el ejercicio de la comunicación efectiva que aparece en este capítulo, el método Sedona también requiere una aceptación de su responsabilidad personal y su compromiso con la felicidad. Repita estas preguntas todas las veces que las necesite, hasta que sienta paz, claridad mental y la felicidad que está buscando. Si emplea regularmente estas preguntas, podrá aprovechar su conocimiento intuitivo y tomar la decisión correcta.

## Conexión del corazón

El tercer método en su caja de herramienta emocional es muy eficaz en sacar ventaja de sus sentimientos de amor, aprecio y gratitud. Una vez que se ha liberado de su frustración, ira, desilusión o cualquier emoción que impedía que tuviera una charla de éxito verdaderamente amorosa y abierta con su ser amado, recomiendo una conexión del corazón. Esta es una técnica que aprendí del Instituto HeartMath, la cual le permite conectarse con sus emociones positivas.

El corazón es un músculo que bombea la sangre dadora de vida y el oxígeno por todo nuestro cuerpo. Ya sabemos que los entrenamientos de cardio como correr, el ciclismo, el senderismo y el uso de máquinas elípticas son maneras probadas de mejorar nuestra salud a largo plazo y fortalecer nuestro corazón. De la misma forma, una conexión de corazón mejora la fortaleza espiritual de nuestro corazón, ¡solo que uno no tiene que sudar para gozar de los beneficios!

Durante los últimos treinta y cinco años los visionarios del Instituto HeartMath, situado en Boulder Creek, California, han estudiado el corazón. Sus investigaciones ofrecen pruebas contundentes de que el corazón posee su propia inteligencia y tiene gran influencia sobre cómo se alinean muchos sistemas del cuerpo. Los científicos del *HeartMath* han descubierto que cuando nos enfocamos en el área alrededor del corazón mientras recordamos y volvemos a experimentar sentimientos como el amor, el aprecio o la gratitud, inmediatamente pueden observarse y medirse los resultados positivos a través de nuestro ritmo cardíaco, o la llamada variabilidad de los latidos del corazón. Estas emociones causan que el ritmo del corazón sea tranquilo y ordenado. Los investigadores lo llaman «coherencia del corazón», una condición muy deseable que mejora nuestro bienestar emocional, físico y espiritual.

Utilizar las técnicas de HeartMath es una manera de empezar a sentir más amor por sí misma y su alma gemela. Al igual que los músculos de su bíceps responden para que pueda levantar pesas de forma regular, también pasar tiempo cada día enfocándose en la experiencia del amor, el aprecio o la gratitud desarrolla una reserva de buenos sentimientos, la cual se traduce en mayor amor, gozo y armonía en sus relaciones.

La técnica de la conexión del corazón toma alrededor de cinco minutos. Asegúrese de ubicarse en un lugar tranquilo y cómodo. Me ayuda bastante cerrar mis ojos y respirar lentamente y más profundo que lo normal. Con el Paso 3 envío estos sentimientos de amor hacia mí misma y Brian.

Pasos de la conexión del corazón:

Paso 1: Enfoque su atención en el área del corazón. Imagine que su respiración fluye dentro y fuera del área de su corazón. Respire un poco más lento y más profundo que lo habitual.

Paso 2: Active y mantenga un sentimiento renovador como el aprecio, la atención o la compasión.

Paso 3: Irradie esa sensación renovadora hacia usted y otros.

Con la práctica, una conexión del corazón puede proporcionar regeneración y fortaleza espirituales, físicas y mentales. La próxima vez que experimente temor de algo, puede establecer fácilmente una conexión del corazón para manejar sus emociones con respecto al asunto, mientras que al mismo tiempo procura superarlas.

Para una experiencia sobre este tema, visite la página www.matetosoulmate.com/audio a fin de llevar a cabo el proceso de liberarse de las molestias con su pareja y centrarse en el corazón otra vez.

# Seis

# Del mal humor al gozo verdadero

El amor no es hallar alguien con
quién vivir; sino encontrar alguien
sin la que no se pueda vivir.

*Rafael Ortiz*

S omos criaturas de hábitos. A medida que crecemos, aprendemos de nuestros padres la manera «correcta» y la «incorrecta» de hacer las cosas. Finalmente nos casamos y descubrimos que nuestra pareja tiene una forma diferente de actuar, y ahí es donde comienza el problema. Traemos nuestras suposiciones, fantasías y recuerdos al matrimonio, con un radar en alerta máxima de cómo hacer las cosas de la manera «correcta» e «incorrecta». Uno cree que se puede volver a usar una toalla durante cinco días, pero el otro insiste en usar una toalla recién lavada cada vez que entra a la ducha. Uno cree que el mostrador de la cocina sirve para poner todo tipo de aparatos posibles, mientras que el otro piensa que el mostrador debe estar limpio y en lo posible sin muchos aparatos. Y ni siquiera tratemos el asunto de la dirección en que el papel higiénico «debe» desenrollarse.

Lo desquiciante es que la mayoría de nosotros nunca se da cuenta de que tenemos la capacidad de *cuestionar* nuestras creencias y hábitos. Como seres humanos, tenemos la magnífica capacidad llamada *opción*. Podemos elegir en cualquier momento tomar nuevas decisiones acerca de nuestras creencias, hábitos o maneras de hacer las cosas. Sin embargo, en vez de ejercitar esta opción, muchos culpamos a nuestra pareja y rápidamente pasamos a juzgarla, criticarla y rechazarla.

Hay una solución fácil para este dilema. Es una solución que llamo «amor Wabi Sabi». Wabi Sabi es un antiguo término estético japonés que rinde homenaje a las cosas viejas, estropeadas, desgastadas, imperfectas e imperdurables. Wabi Sabi busca la belleza en la imperfección. Por ejemplo, si tiene una vasija con una gran grieta en medio de ella, un museo de arte japonés pondrá esa vasija sobre un pedestal para que la luz brille a través de la grieta. ¡O puede que llene la grieta de la vasija con oro de veinticuatro quilates!

El amor Wabi Sabi trata de lograr cambios innovadores en la percepción, a fin de que pueda aceptar y encontrar la belleza y la perfección a pesar de, o quizás incluso debido a, las imperfecciones de los demás. ¡A esto le denomino «del mal humor al deleite»!

Se dice que la necesidad es la madre de todos los inventos, y eso fue exactamente lo que yo necesitaba cuando me convertí en esposa por primera vez a los cuarenta años de edad, sin haber desarrollado habilidades para compartir en pareja. Estaba familiarizada con el concepto del Wabi Sabi, pero no fue sino hasta que me casé que tuve la idea de expandir este concepto y emplearlo para lograr que la relación funcione. Después de tener mi negocio propio por muchos años, sabía cómo ser *jefe*, pero no tenía idea de cómo ser una buena *pareja*.

Brian y yo comenzamos a emplear apodos cuando estábamos molestos el uno con el otro. Tuvimos muchos momentos donde esta estrategia había funcionado bastante bien. Después

de que él me llamara Sheila o yo le llamaba Wayne, generalmente nos mirábamos y reíamos porque habíamos reconocido
que habíamos aprendido conductas que nos irritan.

Brian y yo acordamos en que el papel higiénico siempre
debe desenrollarse de arriba hacia abajo, pero cuando se trata de la pasta de dientes estamos en desacuerdo. Estoy segura
de que lo adecuado y correcto al usar el tubo de la pasta de
dientes es exprimirlo siempre desde la parte inferior y luego
enrollar la parte vacía hacia adelante y avanzar de manera
perfecta y precisa. Mi alma gemela usa la pasta de dientes de
manera «incorrecta». Él, al exprimirlo, «comienza a mitad
del tubo». Durante nuestros primeros años juntos, a menudo le pedía muy afectivamente: «Cariño, ¿podrías exprimir
el tubo de la pasta de dientes comenzando desde el extremo
inferior... de la manera correcta?».

Él me miraba como si yo estuviera completamente fuera
de juicio, sacudía la cabeza o se reía, y luego se iba. Estaba
muy claro que él no tenía la intención de cambiar su manera
de exprimirlo. Cada vez que yo entraba en el baño y veía el
tubo de la pasta de dientes estrujado por el medio, sentía una
molestia en el estómago y me decía: «¿Por qué no puede él
apretar el tubo de la manera correcta?».

Con frecuencia pensaba que la solución sería comprar dos
tubos de pasta de dientes, pero me di cuenta de que incluso
mirar a su tubo estrujado me molestaría. Sabía que era algo
tonto que me incomodara por esto. Sin embargo, al menos
una vez al día, tenía que confrontar mi molestia por el tubo
de la pasta de dientes estrujado.

Un día decidí encontrar la solución Wabi Sabi a mi dilema.
Puse el tubo en la palma de mi mano y me pregunté: «¿Qué

es lo bueno de este tubo estrujado?». El permanecía igual, sin darme respuesta alguna.

Luego oré y le pedí a Dios que me lo mostrara. «¿Qué es lo bueno de este tubo estrujado?». Y repentinamente, la respuesta llegó: «¡Gracias a Dios me casé con un hombre que cepilla sus dientes!».

En un instante de técnica Wabi Sabi inspirada por Dios encontré la respuesta. Ahora, en todo momento puedo ver el tubo estrujado de la pasta de dientes en el baño y sonrío, sabiendo que envejeceré con un hombre que probablemente morirá con todos sus dientes, porque los cuida con mucha diligencia. Otra oportunidad en la que tuve que preparar una poción de amor Wabi Sabi tuvo que ver con los hábitos de Brian de mirar la televisión. Mi increíble alma gemela es un adicto a las noticias políticas. A él absolutamente le encanta saber todo lo que está ocurriendo en el mundo. El lado positivo de esto para mí es que él es mi «editor» doméstico: al final de mi día, comparte conmigo las cosas más importantes que ocurren en el universo. Sin embargo, ese beneficio no es suficiente para compensar una desventaja muy grande: a Brian le gusta poner la televisión a un volumen alto. Así que nosotros conversamos en voz muy, muy alta.

Siento aversión por todo lo que suena con volumen alto.

Él también tiene el hábito de encender el televisor en cualquier habitación que entra. Un día llegué a la casa y los cuatro televisores estaban prendidos. Y como a él le gusta, con el volumen muy alto en cada uno de los televisores. ¡Sin embargo, lo increíble fue que Brian no se encontraba en la casa! Ese día me di cuenta de que necesitaba encontrar la solución del amor Wabi Sabi para este dilema o me sentiría desquiciada.

Como mencioné, Brian no estaba en casa, así que caminé alrededor de nuestro hogar, recogiendo cada control remoto y apagando los televisores. Cuando recogí el cuarto y último control remoto, tuve una revelación. La solución se hizo clara para mí.

Nunca podría cambiar la tendencia de Brian de subir el volumen del televisor, pero podía tomar la plena responsabilidad de apagar todos los televisores que nadie «miraba». Ahora, cada vez que Brian y yo vemos juntos los programas de televisión y él sale del cuarto, yo puedo (y lo hago) bajar el volumen. ¡La mayoría de las veces, él ni siquiera lo nota!

Cuando muchas «cosas pequeñas» se suman en el matrimonio, terminarán aumentando hasta convertirse en una gran cosa que destruirá el compañerismo. Imagínese las posibilidades que se abren en su relación cuando aprende a aceptar, admitir e incluso a encontrar el don en las imperfecciones que percibe en su pareja. No se trata solo de tolerar los llamados defectos de nuestra pareja, sino de encontrar la perfección en la imperfección. Cuando aprenda a vivir el amor Wabi Sabi, creará una relación amorosa, comprometida y feliz que los beneficiará como pareja, sabiendo que son mejores juntos que separados y que su unión será más fuerte, profunda y significativa como resultado de la aplicación de esta práctica.

Una disposición a aceptar la más extraña de las discrepancias puede forjar relaciones basadas en el amor incondicional. ¿A quién le importa si el piso de su cocina se desgasta un poco en el proceso?

## Lecciones de amor desde la cocina

Aunque Diane realmente amaba a Jerry, diariamente tenía que afrontar algo que le resultaba muy difícil de aceptar acerca de él: su pasión por las semillas de sésamo en el pan. Desde la infancia, Jerry mostró un favoritismo especial por este panecillo en particular, y por cierto casi cada día devora uno. Jerry parte el pan, lo tuesta, y lo lleva a la oficina de la casa para disfrutarlo.

Sin embargo, como relata el cuento de Hansel, Jerry siempre deja una pista de semillas de sésamo que se extienden a lo largo del piso blanco de la cocina, pasando por el medio de la casa hasta su oficina. Jerry está cociente de que es «algo descuidado». Y aunque a menudo hace el esfuerzo de limpiar las semillas de sésamo, sus habilidades de limpieza casi nunca resultan en un piso perfectamente limpio y sin manchas como le gusta a Diane.

Ese día en particular, Diane se sentía de muy mal humor. Entró en la cocina, miró el piso, y repentinamente comenzó a deslizarse sobre un mar de semillas, lo cual hizo que su mal humor aumentara al ciento por ciento. Como lo había hecho mil veces antes, Diane humedeció una toalla de mano y poniéndose de rodillas comenzó a limpiar las semillas acumuladas en el piso.

«Al menos una sola vez me gustaría entrar en la cocina y no tener que encontrar estas semillas de sésamo», pensó mientras frotaba vigorosamente el piso limpiándolo a su satisfacción. «¿Qué pasaría si el piso no tuviera semillitas?».

¡Como si le hubiera golpeado un rayo, Diane repentinamente se dio cuenta de *que eso significaba que Jerry ya no estaría!*

Las lágrimas brotaron de sus ojos mientras se ponía de pie. Les dio una ojeada a las semillas que todavía permanecían como arenilla sobre el piso. Sin embargo, en vez de verlas como granos de arena, de repente le parecieron hermosas, como pequeños diamantes negros que representaban todo lo precioso y sagrado para ella en su vida. Fue de prisa a la oficina de Jerry, y echándole los brazos al cuello, lo besó con lágrimas de gozo. Él le dirigió una mirada interrogadora, aunque amorosa, mientras introducía el último pedazo de pan en la boca, sacudiéndose después las semillas de su camisa y dejándolas caer al piso.

Hoy ella lo describe de esta manera: «Ahora no importa cuántas semillas tenga que limpiar, siento una gran paz interior. Cada vez que veo las semillas de sésamo, siento que me llenan de mucho amor y gratitud. Y a veces deliberadamente las dejo y también a mi antigua conducta compulsiva, mientras sonrío, doy media vuelta y me marcho»

El amor Wabi Sabi tierno y hermoso de Diane cambió su percepción para que vea esas molestas semillas como una prueba de que ahora tiene un día más para compartir con Jerry. Tal vez el autor y filósofo Sam Keen lo explicó mejor cuando dijo: «Comenzamos a amar no porque encontramos a una persona perfecta, sino cuando aprendemos a mirar a la imperfecta como perfecta».

Las relaciones nos obligan a desarrollarnos de maneras inimaginables. Esto les sucede a todos, incluso al presidente de los Estados Unidos. No importa cuáles sean sus opiniones a nivel político, la historia de Barak y Michelle Obama es otro gran ejemplo de cómo dos personas pudieron reconciliar sus diferencias al aceptar su responsabilidad individual de cambiar su mal humor por el gozo verdadero.

### Responsabilidad personal

Hace más de una década, el matrimonio de Barack y Michelle Obama estaba a punto de desintegrarse. Barack le dijo a su abuela que el fastidio constante de Michelle lo estaba volviendo loco.

Michelle le dijo a su madre que ella no estaba segura de que su matrimonio fuera a sobrevivir. Ellos se estaban ahogando en las deudas debido a los préstamos de la escuela de leyes Ivy League. Michelle era el principal sostén del hogar con su trabajo corporativo de alto perfil. Con dos hijas pequeñas que atender, Michelle se sentía gorda, invisible e ignorada. Con el horario de trabajo exigente de Barack, tenían poco tiempo juntos como familia. Para agregar a toda la tensión que soportaban, Michelle estaba cansada de recoger todo lo que él dejaba.

Un día, Michelle se despertó a las cinco en punto de la mañana. Barack roncaba suavemente mientras dormía a su lado. Todo lo que ella podía pensar era en levantarse e irse al gimnasio. ¡Había pasado meses desde la última vez que fuera al gimnasio! Una parte de ella se resistía a ir, y comenzó a imaginarse las razones por las que no debía hacerlo. Las niñas pronto se despertarían y necesitarían tener preparado el desayuno. Sin embargo, otra parte muy importante de ella pensó: «Barack es muy inteligente. Él puede imaginarse cómo alimentar a las niñas». Así que se levantó de la cama y se fue.

En el gimnasio, subió a la máquina caminadora e inmediatamente tuvo una epifanía. Michelle se dio cuenta de que dependía de Barack para que la hiciera feliz. Sin embargo, cuando las gotas de sudor comenzaron a formarse en su frente, se percató de que su felicidad debía depender de ella misma. Nadie podía hacerlo por ella.

Cuando llegó a la casa, encontró a Barack y a las niñas sentados a la mesa desayunando, y entonces ella anunció las nuevas reglas de la casa Obama. Primero, aceptaría la oferta de su madre para comenzar a ayudarla con el cuidado de las niñas. Segundo, cada noche que Barack estuviera en la ciudad, toda la familia cenaría junta a las seis y treinta de la tarde. Tercero, los domingos sería un día para la familia, sin excepciones. Y finalmente, se agregaría al calendario una cita nocturna como pareja.

En la actualidad, la pareja Obama tiene una relación fabulosa, y ellos y la madre de Michelle están felices juntos en la Casa Blanca. Recientemente, alcanzaron un nuevo nivel en su matrimonio: su vigésimo aniversario de bodas.

Al asumir la responsabilidad personal por su felicidad y hacer espacio para que su pareja sea quien es, el encanto puede surgir y a menudo lo hace. El juego de culpar y avergonzar no tiene lugar cuando la responsabilidad personal está presente.

¡Ponte los lentes de color rosa!

Aunque nunca sugeriría que debemos negar cuando nuestra pareja se porta de manera difícil, las investigaciones ahora demuestran que hay fuertes beneficios cuando usamos los lentes de color rosa para mirar a nuestra pareja.

La Dra. Sandra Murray, una psicóloga de la universidad de Búfalo, ha estudiado este fenómeno extensivamente y revela que ponerse los «lentes de color rosa» e idealizar a nuestra pareja en realidad conduce más a la felicidad y la satisfacción en las relaciones.[10] De hecho, las parejas más felices se enfocan en lo que es correcto y no en lo que está mal. Esto es también conocido como el efecto Pigmalión, el fenómeno de que mientras mayor sea la expectativa sobre las personas, mejor se desempeñan. Se trata de una forma de cumplir la profecía por uno mismo. Como adultos maduros, debemos escoger nuestros pensamientos y creencias, ¿por qué no enfocarnos entonces en lo mejor, procurar activamente lo mejor, y esperar lo mejor de nosotros mismos y nuestra pareja?

He aquí los hechos tristes, pero ciertos, acerca del matrimonio en la actualidad: cincuenta por ciento de los primeros matrimonios, sesenta y siete por ciento de los segundos matrimonios, y setenta y tres por ciento de los terceros matrimonios terminan en divorcio.[11] La sociedad moderna nos ha condicionado para que busquemos y veamos la perfección que conduce a un estado continuo de frustración y descontento. En realidad, todos sabemos que la perfección no es posible. Sin embargo, al cambiar nuestra historia y practicar algo de amor Wabi Sabi, podemos llegar a apreciar nuestra propia imperfección y la de nuestra pareja y experimentar en realidad un estado de gracia más natural de lo que creíamos posible.

## Amor y sexo Wabi Sabi

En la actualidad, hay una amplia investigación que demuestra que el placer no solo reduce la tensión; también mejora nuestra salud, bienestar y longevidad. Es probable que esto no resulte sorprendente, sin embargo, ¿cuándo fue la última vez que conscientemente añadió simples placeres a su vida?

El enfoque Wabi Sabi del placer no requiere de mucho esfuerzo; por el contrario, consiste en acciones pequeñas y simples. Comience haciendo una lista de las cosas que evocan el placer en cada uno de sus sentidos y luego prométase a sí misma tener por lo menos un momento de placer al día.

Aquí cito algunas de las maneras en que disfruto un momento solitario de placer:

Me encanta la fragancia de las velas aromáticas, así como el cálido y suave baile de una llama, de modo que me acomodo en mi sillón favorito, enciendo una vela, y disfruto durante unos minutos comiéndome una barrita de mis chocolates favoritos.

Si he tenido un día especialmente estresante, tomo un largo baño caliente con mis aceites de aromaterapia, rodeada de velas y escuchando una música suave.

Si quiero aumentar mi energía, pongo un CD con ritmo latino de algunas de mis canciones favoritas bien alegres, subo el volumen y bailo con muchas ganas.

Es realmente muy simple. La próxima semana decida dedicar diez minutos cada día a programar un momento de placer solo para usted misma, incluso si únicamente se trata de hacerse una taza de su té preferido o detenerse a oler las rosas.

Ahora bien, si está casada o tiene una relación duradera, puede que se sorprenda al descubrir que sus abuelos tenían relaciones sexuales con más frecuencia que usted. Nuestros abuelos no tenían más de quinientos canales de televisión, Facebook, Twitter e Internet para distraerlos. ¡Así que es muy probable que tuvieran mucho más tiempo para tener relaciones sexuales! En la actualidad, estamos muy ocupados, con muchas responsabilidades, estresados, privados del sueño y simplemente cansados.

Para muchas parejas, parece que la vida misma nos impide encontrar tiempo a fin de disfrutar de los placeres sexuales. La frustración y el descontento no son sentimientos conducentes a una vida sexual excitante. Así que de modo que podamos permitir más sexo, alegría y armonía en nuestras vidas, es tiempo de que aceptemos también el amor Wabi Sabi en el dormitorio.

¿Qué tal si elige una fecha con su pareja para disfrutar de una relación sexual al estilo Wabi Sabi? Aplicar el amor Wabi Sabi a su vida sexual significa que aunque esté muy cansada, muy estresada o no tenga tiempo, ha decidido hacerlo de todos modos, aunque nadie realmente quiera.

Según la gurú Alison Armstrong, solo porque no esté de humor, o se sienta distante e insatisfecha con su pareja, esto no quiere decir que no pueda hacer el esfuerzo de reconectarse y encender de nuevo la pasión que vigoriza la vida sexual. Es como montarse en una bicicleta, rápidamente volverá a coger el ritmo.

Aquí le ofrezco algunos consejos de cómo mejorar su experiencia sexual:

- Sea creativa.

- Encuentre un momento nuevo, un nuevo lugar y una nueva manera de iniciar su conexión.

- Aunque se sienta tonta, torpe o extraña solo tiene que hacerlo.

- Recuerde esto: el sexo Wabi Sabi, no tiene que ser perfecto.

Y sin que importe cómo resulte la relación sexual, si es aburrida y rutinaria o muy excitante, decida encontrar la belleza y la perfección en ella. Tenga la seguridad de que esto será muy bueno, porque ha hecho el esfuerzo para brindarse juntamente con su pareja atención, afecto y placer.

Cuando nos permitimos experimentar placer, nos relajamos y calmamos, y es un millón de veces más fácil acceder a nuestras emociones positivas. Al tomarse el tiempo para añadir placer a su vida tendrá más tranquilidad, felicidad, y será más receptiva a disfrutar y recibir amor en todos los niveles.

Con el amor Wabi Sabi aprenderá a aceptar los defectos, las imperfecciones y las limitaciones, así como también los dones y las bendiciones que conforman su historia compartida como pareja. La aceptación y su equivalente, la comprensión, son cruciales para lograr la armonía en la relación. Se trata de un amor sagrado, que es la forma máxima del amor. Y como la mayoría de las cosas por las que vale la pena esforzarse en la vida, este requiere práctica, paciencia, compromiso y responsabilidad personal. Imagínese lo bien que se sentirá al saber que su pareja la ama completamente, en todo tiempo... ¡en las buenas, en las malas y en el intermedio!

Tenemos mucha más influencia sobre nuestra situación personal de lo que pensamos. Cualquiera sea la historia que decidamos contar, declarará la clase de relación que tendremos con nuestra pareja. Si consideramos de manera favorable a nuestro compañero, él tratará de vivir acorde a esa verdad. Lo mismo ocurre si lo consideramos de manera negativa. Gradualmente, nuestra pareja mostrará los atributos negativos que enfatizamos. Como dice el refrán, lo que rechazamos, persiste. Hablar cosas negativas resalta lo que no funciona. Nuestra atención se enfoca en todo lo incorrecto, lo cual refuerza su impacto. Un cambio en el enfoque hacia lo que funciona creará más confianza, gozo y armonía. De una forma o de otra, lo que pensamos y cómo evidenciamos esos pensamientos conforman toda nuestra realidad.

# Siete

# El poder mágico de tres

El amor divino es incondicional, sin límites, invariable. La versatilidad del corazón humano desaparece para siempre al toque fascinante del amor puro.

*Sri Yukteswar*

Ya sea que usted crea en un poder superior o no, el hecho es que no puede hacer esto sola. Invitar en su matrimonio a un tercero en la forma del Espíritu le ayudará cuando su hogar está dividido. Siempre es bueno tener un mediador o guía, especialmente durante esos tiempos en que ambos han tocado fondo. La verdad es que una relación poderosa surge de la triada mágica del amor: usted, su pareja y Dios/Espíritu/Universo.

El Dr. Brian Weiss, una autoridad estadounidense en la terapia de regresión a la vida pasada, afirma: «Si presta atención, notará que todas las religiones importantes enseñan sobre las mismas cosas: el amor, la compasión, la generosidad, la no violencia y la conciencia sensible». Estoy de acuerdo con el Dr. Weiss. Aunque fui criada como judía, con el paso de los años he estudiado y participado en muchas tradiciones espirituales diferentes. En estos días a menudo me refiero a mí misma como una «mestiza espiritual». Creo que hay una fuerza invisible a favor del bien universalmente disponible para todos, que puede venir a nuestra vida mediante el poder de la oración y la conciencia.

Cuando oro, no digo: «Querido Dios, por favor, concédeme X, Y y Z». Más bien se trata de una oración de gratitud, agradeciéndole a Dios por «haber cumplido ya mi deseo». Por ejemplo, si estoy molesta o tengo un problema con alguien, mi oración sería: «Querido Dios, gracias por mostrarme el camino para sanar mi problema con _____. Estoy agradecida de que este problema ya haya sido resuelto fácilmente y sin esfuerzo para el bien de las partes envueltas. Que así sea».

Tener algún tipo de relación con un Poder Superior puede ser especialmente útil cuando se sienta perdida, fuera de control o desamparada. Como la tradición cristiana afirma, donde dos o más están reunidos, Dios está en medio de ellos. En mi opinión, usted puede traer ese poder a su vida al expresar gratitud todos los días. Incluso si su pareja no comparte su opinión, la gratitud y el amor son energías universales con asombrosas propiedades de sanidad. Invitar a un aspecto espiritual a su relación puede ayudarla a navegar con más suavidad incluso en las aguas más caudalosas.

## Invite a Dios a su vida amorosa

Uno de los libros más importantes y transformadores que he leído es *Conversaciones con Dios*, de Neale Donald Walsch. Cuando lo leí por primera vez, hace más de veinte años atrás, me conmovió profundamente su contenido poderoso y transformador, así que tome el teléfono y llamé a información para encontrar el número de teléfono de Neale... ¡y lo llamé!

Cuando Neale contestó, le agradecí extensamente por escribir el libro. Hablamos durante un rato, y él me preguntó en qué trabajaba. Le expliqué que era una publicista de libros, a lo cual él replicó: «Deberíamos trabajar juntos». Ese fue el comienzo de una amistad que abarca varias décadas.

En el año 2013, durante una entrevista para la serie El Arte de Amar, le pregunté cómo nos ayuda tener una relación amorosa. Esta es su respuesta:

Esto crea un campo en el que podemos entrar y crecer, para llegar a ser y experimentar, para declarar y expresar, la mejor idea que hemos tenido acerca de quiénes somos. Una relación nos brinda oportunidades de ser parte de ella, momento a momento, día a día, incluso cuando las personas que amamos se vuelven un desafío. El desafío que esa misma relación presenta para nosotros es a la vez la principal invitación de Dios. Dios nos pregunta, especialmente con respecto a nuestra relación: «¿Qué aspecto de mí escoges demostrar ahora?».

¡Vaya! Eso realmente me puso a pensar. En cada momento, ¿cómo quiero mostrarme a mi amado? ¿Cómo puedo ser la mejor versión de mí misma en la vida y el amor? Al pasar ese tiempo con Neale, sentí un cambio dentro de mí. Sentí que mi corazón se abría y expandía hasta el punto de realmente aspirar a convertirse en una versión mejor de mí misma en todos los niveles.

Una de las maneras en que he llegado a convertirme en una «mejor versión de mí misma» me fue revelada recientemente. Mi amiga Carol Allen, del renombrado *Love Is in the Stars* [El amor está en las estrellas], me conectó con un nuevo experto en el «amor», con quien mantuve una larga y agradable conversación por teléfono sobre el libro y los productos que había creado para ayudar a las personas a encontrar mayor intimidad en sus relaciones. Después de nuestra conversación, este hombre me envió un correo electrónico que comenzaba diciendo: «¡Me siento tan amado por ti!». ¡Eso alegró mi día!

Durante años he observado a Brian interactuar con todos mostrando amor, atención, consideración y paciencia. Secretamente he aspirado a ser más como él. Aunque me tomó muchos años ser una persona que interactúa de una manera más cariñosa con los extraños, ahora tengo una confirmación de que ha surgido esta «Arielle más cariñosa».

No siempre podemos ser una versión mejor de nosotros mismos. Es difícil mantener ese nivel de conciencia en todo momento, pero el primer paso está en tener una verdadera intención. Creo también que es útil tener una definición personal de lo que es la divinidad. No importa si le llama a la divinidad Dios, diosa, universo, fuerza, el yo superior, o lo que sea, tratar de superarnos a nosotros mismos y a los que nos rodean solamente puede resultar en bien para nuestra vida y el mundo.

Cuando Oprah entrevistó en su show *Super Sould Sunday* al respetado maestro espiritual y autor Panache Desai, ella le pidió que definiera a Dios. Panache permaneció en silencio por un momento y luego respondió:

No hay una definición para Dios. Cualquier palabra que use a fin de responder esa pregunta disminuiría lo que Dios es.

No se puede definir a Dios, pero si yo intentara describir lo que es, sería diciendo algo así: Dios es amor, una fuerza y una vibración para todo lo que es sagrado, bueno y santo. En mi opinión, Dios existe como un océano divino de amor y misericordia. Todos somos una parte de Dios. Todos estamos combinados con el universo para ser una experiencia de Dios.

Debido a que estamos configurados para amar, nuestro deseo y necesidad de amor sirve de conducto a fin de sentirnos más cerca de Dios. El deseo por un ser amado mortal es una manifestación física de nuestra a veces olvidada conexión a la divinidad. Las criaturas redondas que describí en el Capítulo 1 representan nuestra unidad como una expresión de la divinidad encarnada.

Expresar nuestro amor hacia los demás es una excelente manera de tener una experiencia de Dios, por lo cual tiene sentido que conscientemente decidamos invitar a Dios a nuestra relación. Esta invitación nos ayuda a ir más allá de nuestro comportamiento ordinario para alcanzar una conciencia superior, más espiritual, de nuestra unión. Al invitar y darle la bienvenida a Dios a nuestra relación, usted literalmente está construyendo una red de seguridad, una que puede atraparla cuando «olvida» la inocencia de su pareja o de sí misma. La divinidad ofrece una red de seguridad para sostenerla cuando la humanidad de su pareja ha sobrepasado el límite de su paciencia y usted está a punto de darse por vencida.

Neale Donald Walsch cree que al invitar a Dios a nuestra relación, se amplía, mejora y expande la experiencia relacional, pues se invita a la energía divina o la energía de Dios:

No hay lugar al que pueda ir y nada que pueda hacer de lo que Dios ya no sea parte. Cuando imaginamos que somos seres espirituales, que tenemos un alma y somos seres espirituales que viajan con un cuerpo y una mente por el tiempo y el espacio a través de la eternidad, y vemos a nuestra pareja romántica siendo lo mismo, eso cambiará dramáticamente la naturaleza de la relación y cómo interactuamos.

Cuando le pregunté a mi amiga, la experta y maravillosa Sadhvi Bhagawati Saraswati, quien es maestra espiritual en Rishikesh, India, cómo invitar a Dios a una relación, ella lo explicó de esta manera:

Dios ya está allí. Eso que nos conecta de manera profunda interiormente a otra persona, ese sentido profundo del alma/espíritu, *es* Dios. Piénsalo, Arielle. Cada célula de tu ser ha cambiado desde que te has casado con Brian, así también cada célula de él, ¿quién ama entonces a quién? ¿Dónde está la Arielle que amaba a Brian cuando se casaron? Lo que es inmutable, eterno, no físico, *es* Dios. No se trata tanto de la situación de Elías, donde debemos recordar dejar la taza afuera para él y la puerta abierta, sino más bien cuando nos relacionamos el uno con el otro tenemos que darnos cuenta de que realmente no es solo este cuerpo y ese cuerpo; esta historia y esa historia; este conjunto de neurosis y ese conjunto de neurosis; dos seres diseñados el uno para el otro. Ese amor verdadero *es* la fusión del yo con el Yo, lo cual significa con

Dios. La relación es solo un medio. Por eso, cuando la gente pregunta sobre la mejor manera de conectarse con Dios, siempre digo que eso no importa. Solamente conéctese. Así que si está realmente derritiéndose de AMOR, no solo de la emoción fisiológica provocada por la oxitocina y las endorfinas, sino de AMOR verdadero, entonces puede estar segura de que no es solo tú y él, sino tú, él, Dios en ti, Dios en él y el Dios infinito y sin límites en todas partes.

La maestra espiritual, autora y conferenciante Marianne Williamson lo expresa de este modo:

No es beneficioso cuando miro a otros seres humanos y quiero que me quiten todo mi dolor existencial y mi sentimiento de soledad en el universo. Esto es disfuncional, porque busco que otro ser humano sea en mi vida lo que solo Dios puede ser. Cuando considero a otro ser humano como mi pareja en la búsqueda de Dios, mi pareja a través de la experiencia del amor incondicional, la profunda vulnerabilidad y la autenticidad, y la plena comunicación entre nosotros, significa que ambos estamos reservando el lugar para la presencia de Dios en nuestra vida y nuestra relación. En esta relación sagrada ambos revelamos las heridas y las cicatrices de nuestra infancia y mediante este proceso comenzamos a sanar y a comprender que el propósito de esta relación es obtener sanidad espiritual, emocional y física.[12]

En su libro *Illuminata*, Marianne ofrece la siguiente oración para las parejas:

Querido Dios:

Por favor, has que nuestra relación sea una aventura santa y maravillosa. Que nuestra unión sea un espacio sagrado.

Que nuestra relación encuentre paz aquí, un cielo para nuestra alma.

Quita de nosotros toda tentación a juzgarnos o mandarnos el uno al otro.

Te entregamos nuestros conflictos y nuestras cargas.

Sabemos que eres nuestra respuesta y nuestra roca.

Ayúdanos a no olvidar.

Únenos en corazón y mente como también en cuerpo.

Quita de nosotros la tentación de criticar o ser crueles.

Que no seamos tentados por las fantasías y las predicciones, sino guíanos en el camino de la santidad.

Sálvanos de las tinieblas.

Que esta relación sea un destello de luz.

Que sea una fuente de amor y sabiduría para nosotros, nuestra familia, nuestra comunidad, nuestro mundo.

Que esta unión sea un canal de tu amor y sanidad, un medio de tu gracia y poder.

A medida que las lecciones llegan y los desafíos aumentan, no permitas que seamos tentados a olvidarnos mutuamente.

Haz que siempre recordemos que uno en el otro tenemos a la mujer más hermosa y al varón más buen mozo.

El más fuerte, el sagrado, en cuyos brazos somos reconfortados.

Que permanezcamos jóvenes en esta relación.

Danos lo que deseas para nosotros, y muéstranos cómo quieres que seamos.

Gracias, querido Dios, tú eres el cemento que nos une.

Gracias por este amor.

Amen.[13]

Mi amiga la reverenda Cynthia James enseña que la espiritualidad es un despertar o una llamada remembranza. Debido a que todos estamos conectados al universo, ella dice que todos somos emanaciones de la energía espiritual divina en el centro de nuestro ser. Cuando nos nutrimos de eso y lo tenemos en consideración para todas nuestras decisiones, disfrutamos de una inmensa claridad, salud y bienestar.

Cuando ella y su marido, Carl Studna, se conectaron por primera vez, se dedicaban a diferentes prácticas espirituales, pero compartían el mismo compromiso acerca de su crecimiento personal. Lo más importante es que ellos creen que la mejor comunicación viene del corazón. En la actualidad, comparten dos prácticas espirituales diarias. Cada mañana meditan juntos y por la noche, antes de acostarse, reconocen los logros diarios de los que se sienten orgullosos. Finalmente, se turnan para reconocer y apreciar tres cosas el uno del otro.

Cynthia sugiere que si su pareja no es espiritual, es importante encontrar cosas para alimentar su propia alma y crecer espiritualmente. Ya sea por medio de la meditación, el yoga, procesos guiados o clases a través de Internet, ella anima a encontrar comunidades, iglesias o grupos con el fin de recibir alimento y crecimiento espiritualmente.

Invitar a Dios a su relación como el factor que define su trinidad personal de amor es invitar a la sanidad y la posibilidad del amor incondicional. Sin embargo, ¿qué sucede si tiene una pareja que no comparte su creencia en Dios?

Cuando Gabrielle Bernstein conoció por primera vez a su futuro marido, Zach, él no necesariamente estaba de acuerdo con todas sus creencias. Como una de las prometedoras líderes espirituales de los Estados Unidos, Gabrielle se mostraba muy seria en cuanto a los beneficios de su práctica, pero no agresiva o exigente para que él se le uniera. En su lugar, cada mañana Gabrielle elevaba sus oraciones, leía pasajes de libros como *Un curso de milagros*, y confiaba en que ella y Zach encontrarían una manera de llevar una vida juntos.

«Sólo vivo y practico lo que digo e invito al espíritu que haga su parte. Y como resultado de observar mi práctica, mi esposo comenzó a abrirse», explica Gabrielle. Juntos crearon un ritual muy especial. Todas las mañanas antes de que Zach salga para ir a trabajar, Gabrielle coloca sus manos sobre él en silenciosa bendición, pidiéndoles a los ángeles que mantenga a ambos seguros, felices y saludables. Orar y bendecir activamente a su alma gemela es una hermosa manera de afirmar su amor.

Existe una tradición hindú en el norte de la India que ofrece un ritual elaborado y hermoso para celebrar la santidad del matrimonio. Este ritual se conoce como el festival de Karwa Chauth, y se realiza cada año en el cuarto día después de la luna llena durante los meses de octubre o noviembre. Las mujeres casadas pasan todo el día orando y ayunando por sus maridos como una manera de mostrar su amor, devoción y respeto, y también para asegurar la continua buena salud, el bienestar y la prosperidad de sus seres queridos.

La preparación para el acontecimiento comienza días antes. Tradicionalmente, las mujeres visten como las novias y a menudo compran ropa nueva y joyas para que su aspecto sea el mejor. Como las novias, muchas también aplican el tradicional tinte para las manos y los pies.

En el día de Karwa Chauth, se levantan antes del amanecer y comen fruta o frutos secos proporcionados por sus suegras. El ayuno comienza al amanecer y dura hasta que pueden ver la salida de la luna en el cielo. Una vez que vean la salida de la luna, se reúnen con otras mujeres para «romper el ayuno» mientras le brindan ofrendas de frutas y dulces a la luna.

Históricamente, este ritual ha sido para las mujeres, las cuales ayunan por sus maridos, pero actualmente cada vez más hombres en la India se unen a sus esposas durante el ayuno, porque han comprendido que necesitan a sus esposas tanto como sus esposas los necesitan a ellos.

## El salmón, el pescador y el rey

Mi hermana, Debbie, amaba a su rabino, Baruch Ezagui, en particular por su profunda sabiduría y su especial destreza a la hora de narrar historias. Cuando le conté que estaba escribiendo este libro, él me sorprendió con su explicación de que la tradición judía en realidad no cree en el alma gemela. «La Torá», dijo, «denota que su alma gemela es su alma, no una pareja. La Torá considera al otro género como una oposición para encontrar una nueva manera de definir plenamente su existencia [...] de conducirla a un lugar donde nunca antes había estado». Después el rabino contó esta historia:

Un pescador se encontraba pescando en un lago en un lugar remoto. De pronto, siente un tirón en su línea y ve a un magnífico salmón. Mientras recoge la cuerda, el pescador reconoce que no solo es el salmón más hermoso que haya visto, sino que al rey le encanta el salmón, así que si le llevara el pez al rey, este lo honraría como a un héroe nacional. De modo que el pescador coloca al preciado salmón en un cubo de agua y se encamina hacia la orilla.

Mientras el salmón permanece en el cubo de agua, piensa para sí mismo: «Al menos sigo con vida; tal vez hay esperanza para mí».

Cuando el pescador llega al castillo, los guardias en la puerta le dan un vistazo al salmón y están de acuerdo en que el rey se sentirá encantado de recibirlo. Luego el pescador es conducido a la sala donde está el trono, y todos los presentes se acercan al cubo y reconocen que este es el salmón más increíble que hayan visto. También el rey mira dentro del cubo y dice: «Esto es más de lo que puedo imaginar. Nunca he visto un salmón así en toda mi vida».

El salmón, ahora que fue elogiado por el rey, piensa para sí mismo: «¡Voy a vivir como un príncipe! El rey cuidará de mí».

Entonces el rey proclamó: «Este salmón es tan hermoso, que me lo comeré en la cena. Llévenselo inmediatamente al cocinero principal para la cena de estado de esta noche».

Ahora el salmón se siente muy deprimido después de oír su inevitable destino.

A medida que el cocinero comienza a cortar el salmón, el pez le habla al cocinero: «Mi amigo, al rey no le gusta el salmón. ¡Si le gustara, yo seguiría nadando en el océano!».

El rabino Ezagui explicó el significado de esta historia:

El amor verdadero significa amar a las personas por lo que ellas aman, por lo que son y por lo que creen. Si llega al matrimonio amando lo que usted ama y no lo que *ellas* aman, eso no es amor. El amor verdadero no es encontrar a alguien que sostenga su mano y con quien tenga algo en común; la institución del matrimonio tiene el objetivo de sacarla de su zona de confort, poniéndola por encima de lo que *necesita*, de modo que pueda proporcionar aquello para lo *que es necesaria*.

Según el rabino Ezagui, el matrimonio es el llamado más alto de la humanidad. «Incluye la unión entre el cuerpo y el alma, el cielo y la tierra, el espíritu y la materia, un ser humano y otro. Esta unión de los seres se refleja en el matrimonio entre hombres y mujeres».

El matrimonio denota descubrir lo que realmente necesitamos. También satisface nuestra necesidad de ser necesitados. El rabino Ezagui cita a Rebbe Lubavitch, quien dijo: «Cuando aprende a amar a alguien como se ama a sí mismo, cuando llega a ese nivel y puede verdaderamente decir que esa otra persona es usted [a un nivel del alma], ese es el propósito de la vida». El mentor del rabino Ezagui, el rabino Mendel Futerfas, afirma que mientras el hombre trate a su esposa como una reina, él será un rey, una actitud que debe inculcarse mucho antes de la boda y que debe continuar mucho después de la realidad de la vida. Las personas con matrimonios fuertes consideran esta idea como innegociable.

El rabino Ezagui señala:

El concepto de la oración misma constituye la preparación para el matrimonio. No se trata de que espere con las manos abiertas pidiendo misericordia o la bondad de

Dios. En el judaísmo, la oración es la manera de conectarse como una oportunidad para colocarse en la misma onda de la bendición. La respuesta ya está ahí. Es decir simplemente: «Querido Dios, punto». Se trata de reconocer que todo y cada momento es un reflejo de la existencia interior de Dios, del momento en que reconozco que no necesito nada. Dios no necesita. Yo no necesito. Lo que se requiere es encontrar en mi alma *para qué soy necesario.*

Mi amiga Inga recientemente experimentó esto en su vida. Ella está casada con Jack Canfield, el autor y también creador de la exitosa serie *Sopa de pollo para el alma.* Jack fácilmente es uno de los hombres más generosos que he conocido. Siendo un dador verdadero, Jack trabaja con increíble ahínco escribiendo, enseñando, viajando y como mentor. Desde la perspectiva de Inga, Jack está casado con miles de personas alrededor del mundo. Muchas noches, cuando se acerca la hora de regresar a la casa, él les ha dado y dado a todas las personas que forman parte de su vida, pero en los últimos años Inga a menudo pensó: «Ya no le queda nada para mí».

> El alma es su ser interior. Su misma presencia sin forma. La conciencia de que usted existe más allá de la forma, eso es el alma. Eso en esencia es usted.
>
> *Eckhart Tolle*

Inga y Jack recientemente pasaron por un momento difícil en su matrimonio, ya que ella se sentía como si fuera simplemente la «estación de servicio» de Jack. Inga comenzó a cuestionarse si en realidad su matrimonio había terminado, y el pensamiento la aterró. Ella estaba abrumada con su ajetreada vida y cuánto tiempo les impedía pasar juntos. No podía y no sabía cómo seguir adelante con él. Así que comenzó a pensar: «Se acabó», porque eso es lo que había sucedido en su hogar durante su infancia.

Mientras examinaba su corazón para encontrar las respuestas, Inga se dio cuenta de que sentía miedo de compartir con Jack sus sentimientos más profundos hacia él. Ella pudo comprender que no había luchado por su amor, ni había adoptado una posición firme a favor de su matrimonio. No había admitido a sí misma, o a él, cuánto realmente *quería* que su matrimonio funcionara.

Armándose de coraje, Inga finalmente despertó a Jack en medio de la noche para decirle lo mucho que lo amaba. Ella abrió su corazón y le dijo cuánto deseaba pasar el resto de su vida con él. La inmediata respuesta amorosa de Jack era todo lo que ella necesitaba para recordarle de cuánto su esposo realmente la amaba.

Hoy Inga ha transformado su manera de pensar y ahora dice: «Yo soy la esposa de Jack, y el mayor regalo que puedo darle es escoger llenar su tanque cada día». Al escoger conscientemente ser la «estación de servicio de Jack», ella no solo llena su tanque, sino ayuda a llenar el tanque del mundo, y también llena el suyo propio de amor y gozo.

Hay un viejo refrán que dice: «Se necesitan dos para bailar el tango», pero como señala el rabino Ezagui: «La vida no es un tango». La vida al final es graduarse del tango, graduarse de la lucha, y hallar la sencillez de la verdad y la absolutidad de lo que es, tal como es».

Hay una interrogante muy poderosa en nuestro lenguaje: «¿Por qué yo?». Según el rabino Ezagui, la interrogante puede ser una eterna pregunta o una pregunta con una respuesta posible. Una implica reacción, la otra implica la acción. Si en vez de reaccionar con la interrogante: «¿Por qué yo?», se preguntara: «¿Por qué (existo) yo? ¿Para qué estoy aquí?», la interrogante desaparecerá. Amar *lo que* es requiere coraje, paciencia y mucho entendimiento. Cuando alcanza este nivel de gracia, la lucha termina.

## La centralidad de Dios

Hace treinta y cinco años una conspiración divina reunió a dos personas profundamente espirituales, las cuales estaban dispuestas a pasar sus vidas solas a menos que encontraran una pareja que se comprometiera en una relación donde Dios fuera la figura central. En la segunda semana de salir juntos, Jerry Jampolsky, autor del exitoso libro *Love is Letting Go of Fear* [El amor es librarse del miedo] y Diane Cirincione, una psicóloga, descubrieron su pasión mutua por llevar una vida en la que Dios ocuparía el primer lugar.

Como explica Jerry: «La única relación verdadera es con Dios. Ninguno de nosotros sabía si encontraríamos alguna vez a una pareja que pensara lo mismo».

«Y cuando lo hicimos», dice Diane, «se convirtió en el punto fundamental de nuestra relación». Al invitar a Dios a nuestra relación, invitamos a cada ser con el que entramos en contacto como una parte de Dios. Nuestro desafío y nuestra elección es ver al Ser Superior en todos».

Jerry agrega: «Esto significa que vivimos en el presente, no en el pasado o en el futuro, siendo compasivos, sabiendo que nuestra relación con cada persona es una *unión*, no una *separación*. Observamos a las personas como si las viéramos a través de los ojos de Dios».

Diane, concluye: «Otra forma en que experimentamos esto es actuando como si hubiera una presencia en la habitación [...] porque la hay. No hay un Dios que juzga; hay solo amor».

Todos los días antes de atender las llamadas y asistir a las reuniones, Jerry y Diane oran juntos, repiten una oración que adaptaron de la versión original en *Un curso de milagros*:

> Estamos aquí solo para ser realmente útiles.
> Estamos aquí para representarte a Ti que nos has enviado.
> No tenemos que preocuparnos de qué decir o qué hacer.
> Porque Tú, que nos has enviado, nos dirigirás.
> Nos contentamos en estar dondequiera que desees,
> Sabiendo que siempre estarás con nosotros y seremos sanados a medida que permitimos que nos enseñes a sanar.
> Amén.[14]

Al final, ellos entonces agregan la siguiente línea a la forma original de la oración:

> Te entregamos el control para que guíes nuestro camino.

La oración es útil para mantenernos enfocados en momentos de angustia o malestar. Jerry también es conocido por orar a fin de recibir guía cuando hace una ocasional salida al centro comercial con Diane.

## *Compre, ore, ame*

Como muchos hombres que conozco, a Jerry le molestaba ir de compras, aunque afortunadamente su amada esposa, Diane, no sale de compras con frecuencia. Sin embargo, en una de esas raras ocasiones en que decide ir al centro comercial, ella quiere que Jerry la acompañe. Desde el momento en que llegaban al centro comercial, Jerry comenzaba a mirar con frecuencia su reloj, haciendo obvio de este modo que prefería no estar allí; a su vez, Diane sentía a menudo que debía apurarse para hacer las compras, mientras que antes solía ser un pasatiempo que la complacía.

Una tarde, mientras Jerry pasaba el tiempo sintiéndose algo inquieto sentado en medio del departamento de vestidos, cerró los ojos y literalmente le pidió a Dios que lo ayudara a lidiar con lo que consideraba que era una situación insoportable. Casi al instante, Jerry recibió instrucciones claras y específicas: en vez de esperar impacientemente a que concluyeran las compras, debía tomar una lapicera y escribirle a Diane un poema de amor. Jerry obedeció a este impulso espiritual, y después de hacerlo, lo sobrecogió una gran sensación de paz. No solo estaba reconectándose con su amor por Diane, sino que también había hecho el cambio de enfocarse solamente en sus propias preferencias a sentir gratitud por la vida que compartían juntos. En lugar de estar inquieto y aburrido, comenzó a involucrarse y animarse al descubrir una forma diferente de relacionarse con el proceso de ir de compras juntos.

En medio de esta transformación, Diane salió del probador para mostrarle un vestido que quería comprar y encontró a Jerry sentado serenamente y con una sonrisa. Confundida, pero con la intención de hacer sus compras, ella volvió a probarse más vestidos. Después de un breve interludio, volvió junto a Jerry para ver cómo seguía. Él todavía estaba tranquilo y sereno. Luego de terminar con sus compras, Diane fue a buscarlo para que finalmente se marcharan antes de que la experiencia infligiera algún daño adicional. Jerry le pidió que se sentara y dijo: «Me gustaría compartir algo contigo».

Jerry serenamente le leyó el hermoso poema de amor que había escrito como un homenaje para ella. Diane le agradeció mientras sus ojos se llenaban de lágrimas y abría ampliamente su corazón. Salieron de la tienda entre risitas y tomándose de las manos en una burbuja de amor que ninguna experiencia de compras podría igualar. Hoy en día, siempre que se encuentran en un centro comercial, Jerry le escribe poemas de amor.

Sin embargo, la historia continúa. El «mensaje de Dios» para Jerry no solo lo ayudó a él y su esposa, sino que su epifanía ayudó también a un completo extraño. Un día, Diane estaba en una tienda a la que fue de compras con su madre. Ella vio que una joven revisaba rápidamente los vestidos del local mientras que un joven esperaba sentado y parecía fastidiado. Diane se acercó al hombre con una sonrisa.

—Es realmente horrible, verdad —le dijo ella suavemente.

—Sí —contestó él mientras inclinaba la cabeza, como no queriendo admitir la tortura que sentía—. Yo realmente odio esto.

—Mi esposo solía sentirse así también —continuó Diane, observando al joven por un momento.

—¿Solía? —replicó él mientras se acomodaba mejor en el asiento.

Diane le contó la historia de cómo Jerry también detestaba ir de compras hasta que Dios le sugirió que empleara ese tiempo para escribirle a ella poemas de amor.

El joven escuchó atentamente sin decir una palabra. Por un momento, permaneció quieto con una mirada de incertidumbre en el rostro. Justo cuando Diane comenzó a marcharse con la esperanza de no haber sobrepasado sus límites, el joven brincó de su asiento y llamó a su esposa, que estaba cerrando la puerta del probador cargada de vestidos.

«Cariño, ¿tienes un lapicero?».

OCHO

# Entrega total

Su cerebro enamorado
Si vivieras hasta cien años, yo quisiera
llegar a vivir cien años menos un día,
para que nunca tenga que vivir sin ti.

*Winnie-the-Pooh*

N uestras miradas se cruzan en medio de una habitación llena de gente y repentinamente sentimos mariposas revoloteando en nuestro estómago. Nos encontramos, nuestras manos se tocan, comienza la danza del cortejo, y apenas podemos pensar en nada ni en nadie. Nuestro cerebro y nuestra corriente sanguínea se llenan de un cóctel químico que incluye la neurotrofina, un factor del crecimiento nervioso, y oficialmente estamos locos de amor. El centro del placer de nuestro cerebro se activa de forma plena durante seis meses hasta dos años, lo que se denomina la «fase de luna de miel», y luego todo desaparece poco a poco.

Los sentimientos de amor romántico son placenteros y físicamente estresantes. Literalmente, se trata de un químico fuerte, y a menudo se le compara con la sensación que uno experimenta después de aspirar cocaína.

El proceso de enamoramiento, también conocido como limerencia, es un paso necesario para el amor a largo plazo. Algunos lo consideran el superpegamento de corto plazo que une a las parejas en un inicio, para que finalmente desarrollen una relación a largo plazo. La limerencia y el amor ocurren ambos en una parte del cerebro llamada ínsula, que asigna el valor y que es también la parte del cerebro afectada por la adicción. La diferencia entre el amor saludable y la adicción resulta evidente. El amor saludable no es una adicción; es un estado gozoso y afirmador de la vida del ser. La adicción se evidencia por medio de comportamientos obsesivos y negativos.

Cuando su cerebro se enamora, se vuelve literalmente irracional.[15] Las neuronas transmiten los mensajes mediante sustancias llamadas sinapsis, que mueven los químicos del placer al centro de recompensa del cerebro, llamado el núcleo caudado, y a los alrededores del área tegmental ventral. Su cerebro segrega una dopamina mientras contempla con amor a su pareja supuestamente infalible. Usted bloquea cualquier pensamiento de molestia o posible falla en la otra persona. Realmente está cegado por su cerebro... y su corazón.

Esta es la razón por la que nos sentimos como locos durante un tiempo. La verdad es que el cuerpo no puede mantener ese tipo de actividad para siempre. Luego de dos años, los neurotransmisores dejan de enviar mensajes al centro de recompensa del cerebro y una nueva clase de amor se establece.

Naturalmente, un nuevo tipo de amor requiere un tipo diferente de hormona. Aquí es cuando se libera la oxitocina, también conocida como la hormona de la unión o el «pegamento natural del amor». Los niveles altos de oxitocina se asocian con el éxito de las relaciones a largo plazo. Mientras más oxitocina usted tiene, más su cuerpo produce, lo cual impacta positivamente su relación.

La investigación científica demuestra que en efecto hay una relación entre el amor y la química cerebral. Basándome en ese conocimiento, le mostraré cómo volver a despertar el amor y la conexión.

## Estimule el amor a través de más puntos de placer

A pesar de que su cerebro se ha calmado después de la fiebre inicial del enamoramiento, esto no significa que usted no pueda experimentar los placeres que ofrece el amor de larga duración. Soy una firme creyente de que siempre hay lugar en la vida para recibir más amor y placer. Activar o crear más sensaciones amorosas y placenteras es algo que podemos hacer. He aquí cómo lograrlo.

Cuando quiera sentirse más amada, puede hacer conscientemente cosas que activan la hormona oxitocina en su cerebro. La oxitocina es realmente buena para usted, y según el experto del amor el Dr. John Gray las mujeres deben reponer constantemente sus niveles de oxitocina. Dedicar el tiempo para una buena manicura, arreglarse el cabello, disfrutar de un masaje, tomar un largo baño de burbujas caliente, escuchar música, bailar, caminar en medio de la naturaleza, tomar serenamente una taza de té y saborear un pedazo de chocolate o su galleta favorita son algunas maneras de agregarle placer a su vida diaria que también ayudan a *reponer la oxitocina*.

El estrés es una de las principales razones de la carencia de oxitocina, de modo que poner en práctica algunos pasos sencillos para reponerla es necesario a fin de mantener un estilo de vida saludable y feliz. La oxitocina puede generarse de muchas maneras y mientras más posea, mejor se sentirá.

No es sorpresa que esta desempeñe un papel importante en la producción de orgasmos.

Al tomarse el tiempo para añadir placer a su vida, estará más tranquila, más feliz y más dispuesta a disfrutar y atraer el amor en todos los niveles. Se sabe bien que un simple abrazo de veinte segundos, mirar a los ojos de alguien que ama, o acariciar a su perro o gato, también aumentará su nivel de oxitocina. Salir de compras igualmente produce el mismo beneficio. Aunque no compre nada, el hecho de solo mirar y tocar artículos hermosos tiene un impacto positivo. Otras actividades que inducen la oxitocina incluyen:

- Ir a un concierto al aire libre y sumergirse en la música a través de cada sentido.

- Comer lentamente saboreando su postre favorito.

- Reír.

- Encender velas y tomar un largo baño de burbujas.

- Bailar.

- Tener una buena charla con una amiga.

- Hacer algo sencillo como jugar charadas o adivinanzas con un grupo de amigos.

- Decirle «Te amo» a otra persona.

- Cantar en un karaoke.

- Mirar una película que la haga llorar.

Hay una gran cantidad de nuevas investigaciones que demuestran la importancia de sentir placer en nuestra vida. Cuando nos relajamos y disfrutamos del placer, es mucho más fácil recibir y expresar emociones positivas.

Otro beneficio de los niveles altos de oxitocina es que nos ayudan a mantener nuestro peso bajo. Los investigadores han observado que los ratones deficientes en oxitocina o receptores de oxitocina se vuelven obesos más tarde en la vida, aun cuando ingieran una cantidad normal de alimentos. Los científicos que les inyectaron oxitocina a los ratones obesos carentes de la misma notaron que su peso volvía a tener niveles normales. Los ratones también evidenciaban una reducción de la intolerancia a la glucosa y la resistencia a la insulina. Esto sugiere claramente una opción alternativa para aquellos que luchan por bajar o mantener un peso normal.

Mi «receta personal del placer» incluye un baño diario con aromaterapia, una caminata temprano en la mañana con mi marido, y tiempo personal con mi gato Yoda. Si mi día es particularmente estresante, tengo un CD especial de melodías de mi baile favorito que escucho en mi oficina. Bailo y canto mientras oigo la música hasta sentir que surgen a través de mí las endorfinas.

Si agregar conscientemente placer a su vida diaria no es algo que hace de forma naturalmente, le sugiero intentar un simple experimento. Durante los próximos siete días, añádale a su jornada por lo menos quince o veinte minutos de placer *para usted misma*. Mientras prepara su lista de actividades, póngase de primera en la lista. Recuerde, todo aquello a lo que le dedique su atención, crecerá.

Como se percatará, las hormonas pueden ayudarla a separar el espacio adecuado para disfrutar de una mente y un corazón felices. Al incrementar sus niveles de oxitocina, sentirá más amor por sí misma y tendrá más amor para compartir con su pareja gemela, su familia y sus amigos.

Además del hecho de que la oxitocina crea un ambiente ameno en su cerebro para recibir más amor, esta provoca que cuando se enamora de alguien, sus circuitos del cerebro llegan a estar «programados» para amar a esa persona, aun cuando experimente tiempos difíciles con él o ella. Incluso si se trata solo del estrés de la convivencia día a día con su pareja, o se han separado y no se han visto durante décadas, es posible «reavivar» el amor. Este circuito cerebral es como un gato dormido que puede despertarse en cualquier momento.

Antes de que consideremos cómo «despertar al gato dormido» resulta útil comprender un poco más acerca de su cerebro y el amor. En su libro *Por qué amamos: La naturaleza y la química del amor romántico*, de la doctora Helen Fisher, una antropóloga, experta en el amor y profesora de la Universidad Rutgers, así como la autoridad más recomendada en la comunidad de los que investigan acerca del amor, ella dice: «Mi investigación ha demostrado que en todo lugar las personas sienten amor romántico. He llegado a considerar esta pasión como una necesidad fundamental del ser humano. Es semejante a la necesidad de ingerir alimentos y el instinto maternal, constituye una necesidad psicológica, una urgencia profunda, un instinto de cortejar y atraer a una pareja en particular».

Los antropólogos han hallado evidencias del amor romántico en ciento setenta y siete sociedades en todo el mundo. Es casi universal que las personas canten por amor, dancen por amor, sufran por amor... ¡e incluso mueran por amor!

A partir de sus décadas de investigación, la doctora Fisher cree que la humanidad ha desarrollado tres sistemas centrales del cerebro responsables de dirigir el amor, el apareamiento y la reproducción. Estos se manifiestan como:

Lujuria: el deseo sexual o libido, incluye el ansia de la satisfacción sexual (testosterona).

Amor romántico y atracción: la primera etapa de intenso amor romántico (dopamina).

Conexión: el profundo sentimiento de paz, seguridad y unión con una pareja a largo plazo (oxitocina).

Fisher afirma que el amor puede comenzar con cualquiera de estos tres sentimientos: lujuria, atracción o conexión. Cada uno de los tres sistemas se ve estimulado por reacciones químicas desarrolladas para servir en una función diferente. Estos estímulos unidos permiten el apareamiento, la unión de la pareja y la crianza de los hijos:

1. Nuestro impulso sexual específico nos ayuda a buscar una serie de parejas para que la especie humana pueda propagarse.

2. Más tarde, el amor romántico, un refinamiento de la simple lujuria, evoluciona para que podamos enfocar nuestra energía en una pareja potencial. El amor romántico se caracteriza por sentimientos de euforia

y pensamientos intrusitos y obsesivos acerca del objeto amado. Este estado mental puede que comparta características neuroquímicas con la fase maniaca del trastorno bipolar. La doctora Fisher sugiere que los patrones de conducta actuales de aquellos que están enamorados, tales como el intento de suscitar respuestas recíprocas en la persona amada, pueden incluso parecerse al trastorno obsesivo-compulsivo. Toda la dopamina que fluye a través de su sistema es lo que provoca el hormigueo en su estómago y estimula los sentimientos de euforia.

3. Teniendo en cuenta que el amor romántico no es lo suficiente estable y firme para la crianza compartida de los hijos a largo plazo, la conexión que se desarrolla permite que nos sintamos profundamente conectados a nuestra pareja el tiempo suficiente para lograrlo. Este estado, según Fisher, se caracteriza por sentimientos de calma, seguridad, comodidad social y unión emocional. Años más tarde, cuando los enamorados se vuelven menos obsesivos y más unidos, las cosas comienzan a sentirse menos emocionantes a medida que la química del cerebro empieza a recobrar su normalidad. A pesar de que se secreta menos dopamina, esto no significa que el vínculo está muriendo, sino que se libera una molécula llamada hormona liberadora de corticotropina (CRH), la cual ayuda a mantener a las parejas juntas. En realidad, cuando usted y su amado se separan, la CHR es la causa que provoca que se «extrañen mutuamente». Además,

para los hombres, aumenta la vasopresina. En las
relaciones sanas esto es lo que nos hace permanecer
fieles y proteger a nuestra pareja. ¡Literalmente
promueve la fidelidad!

Dicho de forma sencilla, estamos diseñados para el
romance, el amor y la unión. El cóctel químico del cerebro
que estimula el amor, aunque se haya terminado o dismi-
nuido, puede ser intencionalmente «sacudido y conmovi-
do» para despertar al «gato dormido» si se quiere. Fisher
ofrece muchas sugerencias para estimular de nuevo la química, incluida la más obvia: tener relaciones sexuales con su
pareja, incluso cuando ambos están tan ocupados que deben
«hacer una cita para la actividad sexual».

«Cuando usted tiene relaciones sexuales con alguien,
estimula el sistema de la testosterona, lo que a su vez lo lleva
a desear más sexo», explica Fisher. «Cualquier estimulación
de los genitales activa el sistema de dopamina y crea y mantiene los sentimientos del amor romántico. Con el orgasmo,
su cerebro se inunda de oxitocina y vasopresina. Ambas
están relacionadas con los sentimientos de conexión». Las
relaciones sexuales no solo son buenas para usted y su relación, sino que también el fluido seminal tiene un montón de
efectos químicos benéficos para las mujeres... ¡incluyendo
algunos que reducen la depresión!

A fin de activar los sentimientos de amor, Fisher sugiere
hacer cosas nuevas juntos. Cuando hacen juntos algo difícil, eso provoca excitación y secreta dopamina. Ya sea que
vayan de vacaciones a una nueva ciudad o país o aprendan a
bailar, hacer cosas nuevas juntos fuera de su zona de confort

producirá sentimientos de amor romántico. Por esta razón, las vacaciones con frecuencia se convierten en una aventura muy sensual.

Fisher cree que para crear una conexión necesitamos «literalmente» mantenernos en contacto. «Aprender a dormir en los brazos del otro cada noche. Caminar abrazados. Tomarse de las manos, besarse, jugar con los pies bajo la mesa, darse masajes mutuamente, todo esto estimula el sistema de la oxitocina», señala Fisher.

Ella también recomienda la práctica de decirle cinco cosas bonitas a su pareja todos los días: «Esto es bueno para él y también para su sistema inmunológico, la presión arterial y el corazón».

¿Cómo saber si todavía está enamorada de su pareja? La doctora Fisher y su compañera de investigación, la doctora Lucy L. Brown, ofrecen un cuestionario fabuloso mediante el cual puede descubrir si realmente «está enamorada». Ellas lo llaman el «Calculador del amor», el cual sirve para medir la «Escala pasional del amor». Puede obtener el cuestionario gratuitamente en www.theanatomyoflove.com.

Otra forma de innovar es buscar realmente circunstancias que le produzca temor. Tenga paciencia conmigo aquí. ¡Esto en realidad funciona! Cuando aprovecha el temor y la química cerebral resultante, puede crear un vínculo más fuerte con su pareja.

## La naturaleza vinculante del temor

Unos años atrás estaba mirando un programa de televisión en el que una pareja en su segunda cita decidió saltar al vacío desde un puente sujetándose con una cuerda elástica. Esto fue algo que nunca ninguno de ellos había hecho antes. Y no solo iban a saltar del puente, sino que lo harían juntos al mismo tiempo.

En primer lugar, se sentaron uno al lado del otro en el borde del puente, admitiendo el miedo que sentían. Luego, cuando estaba cerca el momento de dar el salto, trataron de bromear un poco para distraerse. La verdad era que estaban pasmados de miedo. Al fin reunieron el coraje de saltar. ¿Y sabe qué? Ellos sobrevivieron al salto. En la siguiente escena estaban tomando una copa de vino juntos, mirándose a los ojos y claramente enamorados.

¿Cómo ocurrió esto? Un minuto antes estaban pasmados de miedo y poco después cenaban juntos en un estado de pura felicidad. Lo que los espectadores del programa de televisión presenciaron fue el poder de la adrenalina y una pizca de cortisol, la llamada hormona del estrés.

Según algunos expertos, lo que sucede es que la experiencia física del miedo y la ansiedad puede conducir a la atracción sexual y la unión. Si está dispuesta a «reiniciar los motores del amor» con su pareja y «aumentar» la conexión, puede que sea oportuno correr un riesgo para que los fluidos emanen de nuevo. Al igual que cuando recargamos la batería de un automóvil, esto es una solución a corto plazo, pero es posible que sea justo lo que necesita para hacer que la relación tome la dirección que desea.

¿Ha considerado alguna vez hacer paracaidismo, navegar por los rápidos, subirse a una montaña rusa o mirar una película muy aterradora? Usted capta la idea. Las emociones extremas unen a las personas. Tienen el poder de borrar las nimiedades y ayudarle a ver claramente la realidad de la situación. Al estar en una situación en la que se sienten en peligro de muerte, esta sirve también para unirlos más.

Como nota adicional, algunos psicólogos le llaman a este tipo de situación «atribución errónea». Esto significa confundir el origen de sus sentimientos por otra persona, típicamente después de estar expuestos juntos a circunstancias extremas.[16] Es comparable al comportamiento del «mensaje de texto del borracho», en el que una persona envía un mensaje de amor a otra bajo la influencia del alcohol y luego rápidamente lamenta haberlo hecho. Es característico de las relaciones superficiales que no duran mucho tiempo.

He aquí un buen ejemplo de atribución errónea. En 1994, la supermodelo Christie Brinkley se encontraba en el proceso de divorcio del cantante Billy Joel cuando empezó a salir con el agente de bienes raíces Rick Taubman. Ellos decidieron ir a esquiar y casi murieron cuando el helicóptero se estrelló. La intensidad de la experiencia los acerco más, así que muy pronto después del incidente se casaron y tuvieron un hijo. Once meses después se divorciaron.

Lo más probable es que haya estado con su pareja desde hace algún tiempo, así que seguramente este fenómeno no se aplica a usted. De todas maneras es bueno reconocer el efecto a corto plazo de las experiencias extremas en el comportamiento humano. Este método tiene el propósito de activar su pasión, no de mantenerla. Se deben hacer otras actividades a fin de establecer las bases para una relación duradera.

Si su relación ha sufrido el trauma de la traición o algunas otras heridas profundas, todavía es posible reavivar el amor. En tales casos, siempre es prudente buscar asesoramiento profesional para parejas de modo que puedan ser guiados en el proceso de restauración de la confianza y el respeto. Un tercero a menudo ayuda a mantener la neutralidad necesaria para que pueda conversar con su pareja sobre las heridas que cada uno ha experimentado.

## Genere intimidad para activar el amor

Otra forma positiva de activar su amor es buscando maneras de aumentar su nivel de intimidad. La intimidad es el fundamento de una relación sólida y duradera. Es la piedra angular del amor.

En un estudio sobre la intimidad dirigido por el profesor de psicología Arthur Aron, de la Universidad de Nueva York, un grupo de investigadores descubrió un método para lograr un acercamiento entre dos extraños. En un ambiente de laboratorio, el equipo les pidió a los participantes que usaran un cuestionario de treinta y seis preguntas cada vez más personales y luego realizaran el ejercicio de mirarse a los ojos en silencio por cuatro minutos.[17] La idea era que los participantes descubrieran tres rasgos comunes y participaran en una serie de otros medidores de la edificación de la confianza a fin de crear rápidamente confianza e intimidad, las bases de cualquier relación duradera. En un artículo de la revista *New York Times*, la instructora de escritura Mandy Len Catron, de la Universidad de Columbia Británica, relata su experiencia al recrear el experimento con un colega de la universidad.[18] La intensidad del experimento fue abrumadora. Después de varias horas de conversación con su colega varón, ella reveló que el amor en realidad es una acción. Para su sorpresa, la prueba resultó y ellos se enamoraron.

A continuación aparecen las treinta y seis preguntas que Aron y su equipo prepararon originalmente para lograr un acercamiento entre dos extraños. ¿Funcionó el experimento? Estas preguntas profundas han derribado las barreras emocionales entre miles de extraños, dando como resultado algunas amistades, romances, e incluso matrimonios. La conclusión es que responder a estas preguntas puede también ayudar para crear un acercamiento entre usted y su pareja.

Carissa Ray, una supervisora productora de multimedia en *Today.com*, quien hizo este ejercicio con su pareja de doce años, descubrió que su relación ha superado la prueba del tiempo más allá de la noción del amor romántico. En un artículo, ella dice: «Aunque no hemos pasado muchas noches al aire libre y mirando las "ventanas de nuestra alma", sí hemos pasado muchos días y años hablándonos el uno al otro con esa misma mirada, a menudo sin decir una palabra», Ella afirma que sus respuestas demuestran cómo definen mutuamente sus vidas. «No tenemos que pretender ser solteros forzando verbalmente nuestra historia el uno al otro después de tomar una copa juntos. Somos una familia».[19]

Cuando tuve una oportunidad de hablar con ella, me dijo que el cuestionario refuerza el mensaje positivo: «Eres mi pareja. Yo te he escogido». Carissa recomienda que las parejas dediquen el tiempo para volver a conectarse.

El ejercicio dura unos noventa minutos, pero si prefiere responder las preguntas en un período de tiempo más largo, eso está bien. Las preguntas se convierten en un sondeo cada vez más profundo, de modo que sería mejor que siguiera un orden consecutivo. El objetivo principal del ejercicio es que usted y su pareja comiencen a franquearse el uno con el otro de una forma en que tal vez no lo han hecho por mucho tiempo.

---

### Ejercicio de la intimidad

Parte I

1. Si pudiera elegir a cualquier persona en el mundo, ¿a quién preferiría invitar a cenar?
2. ¿Le gustaría ser famoso? ¿Cómo quiere ser reconocido?
3. Antes de hacer una llamada telefónica, ¿ensaya primero lo que va a decir? ¿Por qué?
4. ¿Qué constituye un día «perfecto» para usted?
5. ¿Cuándo fue la última vez que cantó para sí misma? ¿Y para otra persona?
6. Si pudiera llegar a vivir hasta los noventa años de edad y retener ya sea el cuerpo o la mente de un joven de treinta años de edad por los últimos sesenta años de su vida, ¿cuál escogería?
7. ¿Tiene un presentimiento secreto de cómo va a morir?
8. Mencione tres cosas que usted y su pareja parecen tener en común.
9. ¿Qué agradece más de su vida?
10. Si pudiera cambiar algo de la manera en que fue criado, ¿qué sería?
11. Dedique cuatro minutos a contar la historia de su vida a su pareja con todos los detalles posible.
12. Si pudiera despertar mañana con una nueva cualidad o habilidad, ¿cuál sería?

Parte II

13. Si una bola de cristal pudiera decirle la verdad acerca de usted, su vida, su futuro o cualquier otra cosa, ¿qué le gustaría saber?
14. ¿Hay algo que ha soñado hacer por mucho tiempo? ¿Por qué no lo ha hecho?

---

15. ¿Cuál es el mayor logro de su vida?

16. ¿Qué valora más en una amistad?

17. ¿Cuál es su recuerdo más preciado?

18. ¿Cuál es su recuerdo más terrible?

19. Si supiera que en un año moriría repentinamente, ¿cambiaría algo acerca de la manera en que ahora vive? ¿Por qué?

20. ¿Qué significa la amistad para usted?

21. ¿Qué función desempeñan el afecto y el amor en su vida?

22. Mencionen de manera alternada algo que considera una característica positiva de su pareja. Expongan un total de cinco aspectos.

23. ¿Qué tan cercana y afectiva es su familia? ¿Cree que su infancia fue más feliz que la de la mayoría de las demás personas?

24. ¿Cómo se siente en cuanto a su relación con su madre?

Parte III

25. Cada uno haga tres declaraciones correctas de «nosotros». Por ejemplo: «Nosotros estamos juntos en esta habitación sintiendo...».

26. Complete esta oración: «Me gustaría tener a alguien con quien pueda compartir...».

27. Si desea convertirse en un amigo de su pareja, por favor comente lo que sería importante que él o ella supiera.

28. Dígale a su pareja lo que le gusta de él o ella; sea muy honesto esta vez, mencionando cosas que no le diría a una persona a la que acaba de conocer.

29. Cuéntele a su pareja sobre una situación en la cual sintió mucha vergüenza.

30. ¿Cuándo fue la última vez que lloró frente a otra persona? ¿O en soledad?

31. Dígale a su pareja algo que le gusta mucho de él o ella.

32. ¿Qué cosa, si acaso hay alguna, es muy seria para bromear sobre ella?

33. Si fuera a morir esta noche y no tuviera la oportunidad de comunicarse con nadie, ¿qué es lo que más lamentaría no haberle dicho a alguien? ¿Por qué no lo ha contado todavía?

34. Su casa, con todo lo que posee, se incendia. Después de salvar a sus seres queridos y mascotas, tiene tiempo de salvar una cosa más, ¿qué sería? ¿Por qué?

35. De entre todas los miembros de su familia, ¿la muerte de quién le perturbaría más? ¿Por qué?

36. Comente un problema personal y pídale consejo a su pareja sobre cómo él o ella lo resolvería. También, pídale a su pareja que reflexione con usted sobre el problema que le ha planteado.

Una vez que usted y su pareja han respondido estas treinta y seis preguntas profundas y penetrantes, la parte final del ejercicio es esta: párense o siéntense el uno frente al otro y mírense a los ojos por cuatro minutos en silencio. Sí, probablemente se sentirán incómodos y torpes, pero háganlo de todos modos. Este ejercicio, conocido como «contemplación», está diseñado para conectar de alma a alma y ayudará a solidificar los nuevos vínculos que acaban de crear mutuamente.

Como se mencionó anteriormente, Mandy Len Catron fue a un bar una noche con un amigo cuando decidieron responder a las preguntas del estudio de Arthur Aron. Tardaron

> El alma es la parte sin comienzo, sin final e invariable de nosotros. La parte que observa más allá de nuestros ojos naturales. El alma es infinita.
>
> *Wayne Dyer*

varias horas en responder todas las treinta y seis preguntas, y luego también hicieron el ejercicio de mirarse el uno al
otro durante cuatro minutos mientras estaban parados en un
puente por la noche. Al final, los dos terminaron enamorados.
En su artículo, ella resume su experiencia así:

> Lo que me gusta de este estudio es que considera el amor
> como una acción [...] El estudio de Arthur Aron me enseñó
> que es posible, incluso simple, generar confianza e inti-
> midad, los sentimientos que el amor necesita para florecer
> [...] Aunque resulta difícil darle crédito completo al estu-
> dio [porque terminaron enamorándose] (posiblemente
> eso habría ocurrido de todas maneras), este nos sirvió
> para que iniciáramos una relación que parecía planeada
> deliberadamente. Pasamos semanas en el espacio íntimo
> que creamos esa noche, esperando ver lo que podría lle-
> gar a ser. El amor no nos tuvo lugar de manera instantá-
> nea. Estamos enamorados porque mutuamente decidimos
> enamorarnos.

Como todas las cosas que vale la pena hacer, poner en
marcha tu amor requiere una inversión de tiempo, energía,
intención, atención y una verdadera voluntad para lograr que
esto ocurra. La pregunta entonces llega a ser: «¿Está usted
comprometido lo suficiente para que su relación funcione
por completo?». Para la mayoría de las personas, enamorarse no es difícil, pero decidir permanecer enamorado requiere compromiso.

Aunque siempre habrá un sinnúmero de definiciones del
amor, una cosa de la cual estoy segura es de que el amor se

basa en la elección que hacemos. El sicólogo Erich Fromm lo dice muy bonito: «El amor es una decisión. Es un juicio. Es una promesa. Si el amor fuera solamente un sentimiento, no habría fundamento para la promesa de amarse por siempre. El sentimiento puede surgir y acabarse. ¿Cómo puedo juzgar que el amor durará por siempre, cuando mi acto no implica juicio y decisión?».

Hacer la decisión, cada día, a veces incluso minuto a minuto, es el trabajo de los adultos maduros. No podemos depender de la esperanza de tener «sentimiento de amor»; por el contrario, tenemos que activamente «generar amor» a través de nuestras palabras, obras, acciones e intenciones. ¡Especialmente en el momento en que no queremos hacerlo!

# Nueve

# El poder sanador del amor

Describir el amor es muy difícil por la
misma razón que las palabras no pueden
describir totalmente el sabor de una
naranja. Uno tiene que probar el fruto para
conocer su sabor. Así es con el amor.

*Paramahansa Yogananda*

Una noche unos años atrás, justo después de la cena, mi amado, Brian, me pidió que me sentara en el sofá y dijo algo equivalente a la impactante frase: «Tenemos que hablar». Recuerdo haber experimentado este sentimiento de dolor en la boca de mi estómago, seguido del pensamiento: «¡Ah no! ¿Qué hice?».

No había transcurrido mucho tiempo luego de la muerte de mi hermana, Debbie, y Brian y yo habíamos pasado varios meses difíciles, intentando hacer lo mejor para sobrevivir a medida que la vida de ella poco a poco se apagaba. Ninguno de los dos podía dormir mucho, ambos estábamos profundamente afectados en medio de nuestro dolor, y finalmente yo volví al trabajo tratando de abordar no solo uno, sino tres proyectos grandes.

Con una voz muy dulce y suave, Brian comenzó a hablar conmigo acerca de su gran preocupación por mi salud y bienestar. Con lágrimas en los ojos, me dijo que temía que si yo no acortaba las largas, intensas y estresantes horas laborales, podría enfermarme y quizás incluso «trabajar hasta provocar mi muerte».

Como alguien que siempre ha sido capaz de lograr cosas importantes, hacer malabares con un montón de proyectos simultáneos y soportar grandes cantidades de presión, normalmente solo le habría asegurado que tendría el «poder» para atravesar este período y ocuparme de todo. Sin embargo, hubo algo en la manera en que él enfocó la conversación que me hizo detenerme y escucharlo. Su sincera y franca vulnerabilidad me afectó mucho, y realmente le preste atención.

Y me di cuenta de que él tenía razón. Yo ya no era la persona que podía hacerlo todo. Mi sistema nervioso estaba quebrantado. Me encontraba sin «reservas» y apenas funcionaba.

Mientras estaba sentada allí, tratando de captar todo, intentando averiguar qué podría «hacer» con respecto a mi situación, me acordé de que Debbie me había susurrado algo en medio de la noche: «Toma más vacaciones».

Pasé los próximos días examinando el calendario, tratando de ver cuándo podía tomar unas vacaciones y por cuánto tiempo. Y entonces me di cuenta. No solo necesitaba unas vacaciones de una semana o dos en una isla. Necesitaba unas vacaciones bien extensas. Necesitaba descansar, rejuvenecer, reiniciar y reflexionar acerca del resto de mi vida.

A los pocos meses dejé de trabajar... ¡totalmente! Apagué mi celular y lo metí en un cajón. Activé el contestador automático en mi correo electrónico y grabé un nuevo mensaje de voz en mi teléfono a fin de anunciar que durante las próximas seis semanas no estaría disponible para nada. Comencé mi tiempo sabático.

Me preguntaba: ¿Y si me aburro? ¿Cómo ocuparé mis días? ¿Puedo realmente hacer esto? ¿Desconectarme por completo?

Me complace informar que fue un éxito verdadero.

Comencé a dormir hasta tarde, a tomar siestas por primera vez en mi vida y a leer todos esos libros que habían estado languideciendo en mi estante. Brian y yo jugamos tenis y dimos innumerables paseos por la playa. Viajamos a Bora Bora, Italia y Rumania. Empecé a cocinar más y descansar mucho.

Cada vez que se me ocurría una idea para un nuevo proyecto, me sentaba, cerraba los ojos, respiraba hondo y esperaba que se me pasara. Si la idea persistía, la escribía y luego la olvidaba por el momento. Consulté con mis doctores para restaurar mis niveles de energía, además hice muchas visitas al acupuntor y el quiropráctico. Mis compañeros increíbles de Evolving Wisdom me dieron el gran regalo de muchos masajes.

Durante este tiempo de sanidad decidí volver a planear cómo «llevar adelante» mi vida. En uno de mis inolvidables momentos de descubrimiento formulé mi nuevo mantra: «Ahora estoy experimentando un nuevo tipo de vitalidad que no es impulsado por la adrenalina».

Sin la tiranía de una lista de tareas que consumía cada minuto de mi día, tuve tiempo para sostener algunas conversaciones profundas y significativas con varias amigas que también se encontraban «contra la pared» y estaban dispuestas a hacer grandes cambios. Todas admitimos ser «adictas a estar ocupadas», e incluso pudimos empezar un grupo de apoyo.

En el pasado a menudo me definía por mi trabajo, y detesto admitirlo, pero mi ego se enorgullecía de cuánto podía realizar en una hora o un día o una semana. Unos años atrás, cuando trabajaba como publicista de Deepak Chopra, él solía llamarme «rápida»... ¡y yo creía que eso era algo bueno! Fue una lástima que no prestara mayor atención cuando Deepak me decía que el estrés causa alteración en las plaquetas, lo cual no es bueno para la salud.

Entonces decidí que había terminado de trabajar para ganarme el sustento diario. Eliminé la palabra «trabajo» de mi vocabulario, y ahora paso la mitad de mi tiempo sumergida en proyectos que me proveen una expresión creativa, diversión y libertad, y ofrecen un cierto nivel de contribución y prosperidad.

Hoy mi vida ha sido radicalmente transformada, ya que mi esposo amoroso y valiente estuvo dispuesto a tener conmigo una profunda conversación transformadora de vida. Hay muchas maneras posibles de que la conversación se hubiera llevado a cabo. Él pudo haber dicho simplemente apuntándome con su dedo: «Si no te calmas, terminarás realmente dañándote a ti misma», o algo por estilo.

En cambio, habló con sinceridad, mostró un «corazón vulnerable», y me permitió ver la profundidad de su consideración y preocupación. Las lágrimas en sus ojos, la mirada en su rostro, la compasión en su voz me decían mucho más que lo que cualquier forma de acusación podría jamás indicar. Una de mis maneras de reaccionar es ponerme a la defensiva cuando se me acusa de algo, incluso si se relaciona con una cosa tan importante como mi propio bienestar. Sabiendo todo eso, Brian corrió un gran riesgo al hacer referencia a un tópico tan sensible. Debido a su «vulnerabilidad de corazón», pude realmente escucharlo, sentirlo, y comprometerme a hacer cambios en mi vida.

«Ser de corazón vulnerable es estar firmemente enfocado en su corazón, mientras siente lo que realmente está sucediendo. Es escuchar a su inteligencia lógica. No se trata de ser sentimental o impresionable, o de dejar que otros se aprovechen de usted o permitir que sus sentimientos lo debiliten», explica Deborah Rozman, presidenta y ejecutiva de Quantum Intech, Inc., la compañía matriz de HeartMath LLC.

«Ser vulnerable no tiene que resultar intimidatorio, pero se requiere valor para ser sincero, franco y honesto. A menudo las personas evitan el sentimiento de vulnerabilidad porque tienen miedo de ser arrojadas a un sumidero emocional del cual no puedan salir fácilmente», dice Rozman.

Aunque algunos podemos percibir la vulnerabilidad como «mostrar nuestras emociones para que cualquiera nos ofenda» o «desahogarnos por completo», en realidad se trata de amar con todo nuestro corazón, practicando la gratitud y aceptando el gozo, incluso en momentos de terror. Además, esta también se relaciona con creer que uno es «suficiente» y permitir que otros nos vean tal como somos.

La vulnerabilidad significa «compartir nuestros sentimientos y nuestras experiencias con las personas que han ganado el derecho de oírlas», explica Brené Brown. Brown nos alienta a que nos quitemos nuestras máscaras, a tener el coraje para ser imperfectos, la fuerza para amarnos primero, y las agallas para liberarnos de quienes pensamos que debemos ser a fin de convertirnos en quienes realmente somos. Ella cree que la vulnerabilidad es la base del miedo, la ansiedad y la vergüenza, pero también es la cuna de la alegría, el amor, la pertenencia, la creatividad y la fe.

En su conferencia TED titulada «El precio de la invulnerabilidad», Brown explica que como cultura estamos perdiendo nuestra tolerancia a ser vulnerables y hemos convertido a la vulnerabilidad en sinónimo de debilidad. «Vivimos en una cultura que proclama que nunca es suficiente: no somos suficientes. No somos buenos, lo suficiente prudentes, lo suficiente verdaderos, lo suficiente perfectos, ni lo suficiente extraordinarios. Y sin embargo, lo cierto es que en los momentos ordinarios de nuestra vida es donde encontramos mayor alegría», señala ella. Además de todo eso, Brown afirma que somos «insensibles» a fin de evitar sentirnos vulnerables, y hacemos esto al comer en exceso, gastar en exceso o estar muy ocupados. El resultado es nuestra incapacidad de sentir gozo. Somos insensibles hasta la médula.[20]

¿Cuántas veces ha optado por volverse insensible en los momentos de angustia en vez de buscar la fuente exacta de su dolor? Todos hemos hecho eso. La buena noticia es que hay una solución simple para no ignorar el problema, sino en cambio darle la bienvenida a través de la vulnerabilidad. Para aceptar la vulnerabilidad, Brown sugiere que practiquemos la gratitud.

«Nos detenemos y nos mostramos agradecidos por lo que tenemos. Honramos lo que es ordinario con respecto a nuestra vida, o sea, lo que en realidad es extraordinario [...] las personas que amamos, nuestra familia, la habilidad de poder relacionarnos con otros, nuestra comunidad y la naturaleza [...] En la vulnerabilidad realmente encontramos lo que le da propósito y significado a nuestra vida», afirma Brown.

Según el doctor en medicina y autor Mark Sircus, la clave más importante para amar se encuentra en nuestra voluntad y capacidad de ser vulnerables. Él explica que cuando llegamos a un nivel de verdadera vulnerabilidad, el corazón se entrega libre y sin barreras. Literalmente, uno puede ver directamente el corazón y el alma de la persona. La persona más fuerte e inteligente ya no oculta o se protege del dolor, porque no tienen miedo del sufrimiento. Se conduce ante todos con sinceridad.[21]

Cuando el corazón verdaderamente escucha a otro, comienza a envolverse en el mundo interior de esa otra persona. Hacer preguntas para descubrir más de ese ser demuestra verdadero interés en su bienestar. Este tipo de corazón puede entrar en el mundo del otro, ya que en ese momento el corazón es uno con todas las cosas. Literalmente no siente ninguna separación. En este estado, no hay entonces otro, solamente uno. El «usted» y el «yo» se funden en la unidad de todas las cosas. Este nivel de comunicación con su pareja requiere vulnerabilidad, de la que hablan los doctores Sircus y Brené Brown.

Suena muy bueno, ¿verdad? Sin embargo, ¿cómo lograr eso? El camino a la vulnerabilidad requiere humildad. Demanda el cambio de un estado de querer lucir bien a uno sin señal del ego, en el que no existen expectativas ni demandas. Simplemente usted se muestra sincero sin ningún temor y recibe lo que venga. La paradoja de la vulnerabilidad es que puede ser vulnerable cuando no se preocupa de que otros lo juzguen. Si es vulnerable, se vuelve como una tortuga sin su caparazón. Requiere coraje y fortaleza mostrarse franco y vulnerable.

Tal es el don de la vulnerabilidad del corazón. Con la vulnerabilidad del corazón viene una mayor intimidad, conexión y comunicación con su amada alma gemela. Con la vulnerabilidad del corazón podemos experimentar mayor vitalidad y amor. Antes de que pueda sincerarse de una manera profunda con su pareja, primero debe practicar el arte del perdón.

## El poder sanador del perdón

El perdón es una pieza clave en el rompecabezas de la relación. Como hemos aprendido a través del concepto del amor Wabi Sabi, somos criaturas imperfectas. El perdón resulta esencial para nuestro bienestar. Por cierto, el perdón es lo que nos mantiene unidos cuando la vida nos está separando.

El perdón no implica aceptar el abuso o la mala conducta. Se trata de liberarse a sí mismo de los malos sentimientos que resultan de ese comportamiento. El autor y conferencista Wayne Dyer dice: «Perdonar de alguna manera se asocia con decir que está bien, que aceptamos la mala acción. Sin embargo, esto no es perdón. El perdón significa que usted está lleno de amor y transmite ese amor y se rehúsa a aferrarse al veneno o el odio engendrado por los comportamientos que causaron las heridas».[22]

Es cierto que es más fácil amar y perdonar a algunas personas que a otras. Es fácil amar a la gente que nos ama, apoya y sustenta. Es fácil apreciar a aquellos con los que siempre podemos contar, sin importar para lo que sea. Es mucho más difícil aceptar a las personas difíciles que nos critican y a veces incluso desprecian. Las personas que nos vuelven locos y propagan desdichas como una enfermedad contagiosa son las que en realidad representan un desafío en nuestras vidas. Es difícil realmente amar a esas personas cuando sus malas actitudes son muy obvias.

Si ha llegado a este punto en el libro y todavía piensa que su pareja es esa persona, considere lo que una vez dijo Marianne William: «Si usted ve que un niño pequeño se cae y se lastima la rodilla, rápidamente va y lo abraza y trata de consolarlo. No obstante, cuando un adulto se porta mal o es cruel, no podemos ver las heridas que causan su dolor y sus acciones».

La mayoría de las veces, cualquier cosa que las personas difíciles en nuestra vida hacen o dicen tiene poco que ver con nosotros. Ellas simplemente evidencian que sufren un viejo dolor. La decepción que sienten es muy profunda, y hieren a la persona más cercana, la cual es usted. En ese momento de conflicto y dolor, usted resulta la víctima desafortunada de la historia de los decepcionados.

El desafío para muchos de nosotros es que a menudo estamos relacionados con algunas de las personas más difíciles que podamos conocer. En esos casos, tenemos que encontrar una manera de mantenernos dispuestos a amarlas y aceptarlas. Y todo esto comienza con el perdón. No es una tarea fácil, especialmente si su dolor y su herida provienen de las experiencias que ha compartido con ellas.

En situaciones en las que se encuentra confrontando a personas difíciles, es momento de utilizar una vez más su juego de herramientas espirituales. Uno de mis procesos favoritos utiliza el poder del perdón. Además, resulta también muy sanador. El proceso se llama Ho'oponopono, una práctica hawaiana del perdón y la reconciliación.

Esta herramienta puede ser utilizada no solo para el perdón, sino para todo tipo de sanidad emocional. Primero lo aprendí de Joe Vitale en su libro *Cero límites*. A fin de practicar el Ho'oponopono, solo es necesario una cosa: *usted mismo*. Comience por asumir toda la responsabilidad de lo que está sucediendo. Si se resiste a esa idea, respire profundo unas cuantas veces. Luego cierre sus ojos e imagine que usted y esa persona difícil es una misma persona. Dígase a sí misma: «Te amo. Por favor perdóname. Lo siento, y gracias».

*Ho'oponopono* significa «hacer las cosas correctas» y se basa en la noción de que todo lo que uno experimenta es resultado de su propia creación. En otras palabras, todo lo que le está pasando —o cualquier cosa que percibe que le está ocurriendo— a usted y todo su mundo fue creado por su propia mano. Puesto que crea su propia realidad, también es ciento por ciento responsable de ese mundo. Usted es la gobernadora de su propia ciudad o, volviendo a una analogía que utilizamos anteriormente en este libro, es la escritora del libreto, directora y productora de su propia película.

Ser responsable no significa que todo es su culpa. En verdad, ninguna culpa puede encontrarse cuando se asume absoluta responsabilidad. No hay lugar para la culpa. Puesto que usted simplemente es responsable de todo lo que hace, también es responsable de su propia sanidad. Si una persona aparece en su vida como un problema, usted es la única que puede cambiar esa percepción. Puede hacer esto simplemente repitiendo estas cuatro frases sencillas varias veces: «Te amo. Por favor, perdóname. Lo siento, y gracias».

---

Perdón sanador: El proceso de Ho'oponopono

Traiga a la memoria a cualquier persona que necesita perdonar. En su imaginación, disponga un escenario debajo de usted y coloque a esa persona allí.

Imagine una fuente infinita de amor y sanidad que fluye de esa fuente encima de su cabeza (que viene de Dios o su ser superior). Abra supuestamente la tapa de su cabeza y permita que la fuente de amor y sanidad fluya interiormente por su cuerpo, lo llene, y se desborde desde su corazón para sanar a la persona sobre el escenario.

Repita esto varias veces: «Te amo. Por favor, perdóname. Lo siento, y gracias».

Después, deje libre a esa persona, imagine que se aleja flotando, y corte las cuerdas que la unen a ella (si es apropiado). Si está perdonando a su amado, entonces asimile a su amado dentro de usted misma.

---

Encuentro que cuando practico este ejercicio, a menudo o incluso diariamente, mi corazón se abre y libero la ansiedad asociada a la experiencia. Literalmente soy libre del dolor.

El sicoterapeuta Fred Luskin, director del Proyecto Perdón de la Universidad de Stanford y autor del libro denominado *Forgive for Good* [Perdonar para bien], ha pasado más de veinte años estudiando el perdón.[23] El perdón comienza con identificar exactamente cómo se siente acerca de lo ocurrido. A continuación, se promete a sí misma que hará todo lo posible para sentirse mejor. Luego reconoce que el perdón no se trata de reconciliarse con la otra persona, sino de hallar paz en sí misma en cuanto a los sucesos ocurrido con esa persona.

Comprenda que el dolor continuo proviene de los sentimientos que tiene acerca del pasado, no del pasado mismo.

Enfoque su energía en cómo lograr sus metas en vez de en la experiencia dolorosa que la ha decepcionado, enojado o quebrantado. Como mi hermana, Debbie, dijo una vez, la mejor venganza es su propio éxito. Viva su vida lo mejor que pueda en lugar de gastar su tiempo pensando en cosas negativas de la persona que la ha herido. Cambie su historia de dolor a una de perdón. Enfóquese en el valor de su elección para perdonar y siga adelante con ese poder para siempre.

Según Luskin, «la práctica del perdón ha demostrado que reduce el enojo, el dolor, la depresión y el estrés, y conduce a sentimientos mejores de esperanza, paz, compasión y autoconfianza. La práctica del perdón permite una relación sana, así como también una buena salud. Ella también influencia nuestra actitud, que dispone al corazón a percibir la bondad, la belleza y el amor».

## Actos pequeños, amor grande

Una vez escuché una frase que todavía resulta cierta: «Si se ponen mutuamente primero, entonces ni el uno ni el otro ocupa el segundo lugar". El Dr. Harry Reis, un psicólogo de la Universidad de Rochester, ha realizado investigaciones que demuestran que las personas que le dan prioridad a las necesidades de su pareja son más felices. Él le denomina a esto «amor compasivo». El doctor afirma: «Esta es una manera de comunicarle a la otra persona que usted entiende lo que ella es y que usted la aprecia y le importa su vida».[24]

Esto no quiere decir que siempre ponga las necesidades de su pareja por encima de las propias. Obviamente, desea estar con alguien que a veces haga esto lo mismo por usted.

El punto es que al poner atención consciente en la felicidad de su pareja, usted también será más feliz.

Otra manera de decir esto es: «Esposa feliz, hogar feliz».

Según el rabino Ezagui, la meta del matrimonio es elevarse por encima de sus propias limitaciones. El matrimonio es, en su mente, la más alta vocación del potencial humano. «Cásese consigo mismo primero», sugiere él. «El matrimonio comienza en el interior. Si encuentro el alma gemela dentro de mí, puedo casarme con otra persona y acoger a su alma. Usted no se casa con su otra mitad, sino consigo mismo».

## El efecto del matrimonio

A esta altura ya hemos aclarado los mitos acerca del matrimonio basados en nociones románticas con finales de fantasías. En *The Power of Myth* [El poder del mito], Joseph Campbell y Bill Moyers definen el matrimonio más allá del amor impetuoso y romántico que todos estamos acondicionados para buscar:

El matrimonio no es una historia de amor. Una historia de amor es algo totalmente diferente. Un matrimonio es un compromiso a lo que son como pareja. Esa otra persona, literalmente, es su otra mitad. Y usted y su pareja son uno. Una historia de amor no es eso. Es una relación por placer, y cuando se vuelve desagradable, termina. Sin embargo, un matrimonio es un compromiso de vida, y un compromiso de vida significa que ocupa el lugar principal para usted. Si el matrimonio no es lo principal en su vida, usted no está casado.[25]

La investigación ha demostrado que las parejas felizmente casadas reciben los beneficios de algo llamado el «efecto del matrimonio», lo cual significa que:

Es más probable que vivan más tiempo.

Es más probable que sean física y mentalmente más sanos y felices.

Es más probable que se recuperen de la enfermedad más rápidamente y por completo.

Un estudio del año 2007 descubrió que la tasa de mortalidad de los hombres solteros mayores de cuarenta era dos veces más alta que la de los hombres casados.[26] El matrimonio para los hombres es un salvavidas.

Vivir juntos no es lo mismo que estar casados. Se ha descubierto que la pareja feliz que vive junta en una relación comprometida, pero no está casada, no recibe los mismos beneficios. Todavía no he encontrado la respuesta definitiva de por qué esto es cierto, pero cuando le pregunté al respecto a Harville Hendrix, él sugirió que tiene algo que ver con la seguridad. En algún nivel inconsciente, las parejas comprometidas, pero que no están casadas, no experimentan el mismo nivel de seguridad que las parejas casadas. La seguridad es una de las necesidades más profundas del ser humano.

¿Qué hay de aquellas parejas que convivieron durante años con gran éxito, pero luego se casaron y pronto se divorciaron? Harville dice que la razón proviene de que el surgimiento del verdadero trabajo que requiere el matrimonio solo tiene lugar después de hacerse esos votos sagrados. Parece que tenemos que trabajar por nuestra seguridad, pero la recompensa es la longevidad y un estilo de vida más estable.

Hemos visto los efectos positivos que el matrimonio puede tener en nuestra vida. Como vimos en el Capítulo 6, el amor Wabi Sabi se basa en la capacidad de ser honesto consigo mismo y su pareja. Es la disposición a compartir su verdad, y nada más que su verdad, en el momento en que lo reconoce.

## La renovación del compromiso mediante nuevos votos

Tal vez uno de ustedes ha quebrantado sus votos matrimoniales, o ignorado algunas o todas las promesas que le ha hecho a su pareja. Escribir un *voto de relación* le ofrece la oportunidad de describir la renovación de su compromiso con su pareja. Imagine que este voto es una declaración de misión para su relación que servirá como una brújula para orientar sus acciones futuras y establecer un testimonio de su compromiso a avanzar juntos compartiendo el futuro. Un voto de relación pretende ser un pasaporte a su nueva realidad, y además le informa a su amado su opinión de que es mejor estar juntos que separados.

Este ejercicio permite un futuro más inspirador, exactamente aquello que se convierte en la realidad cotidiana apasionante de una pareja. Aquí le ofrecemos un posible voto de la relación que usted puede modificar para que se adapte a su situación. Llene los espacios en blanco (o descargue una copia personal de este voto en www.matetosoulmate.com/newvow).

## Pasitos hacia un cambio duradero

En este punto, quizá sigue indecisa con respecto al futuro de su relación. ¿Debe permanecer en ella o debe irse? Cualquiera sea el paso que decida dar, ahora tiene más herramientas en su caja de utensilios para la dirección emocional que la ayudarán a través de la siguiente fase de su vida.

---

Voto de relación

Durante los últimos _____ años hemos pasado juntos a través de la tristeza y la alegría, el triunfo y la derrota, la enfermedad y la salud, y juntos hemos crecido mucho. Hemos evolucionado y cambiado juntos. Hemos sufrido, reído y llorado juntos. [*Si se aplica*: Hemos criado a una hermosa familia juntos.]

Yo, _____, te acepto a ti _____

como mi _____ para crear una relación sana, amorosa y sustentadora mientras renovamos nuestro compromiso de vivir juntos como los mejores amigos, amantes y compañeros. En este día, prometo lleno de gozo secar tus lágrimas con mi risa y aliviar tu dolor con mi cuidado y compasión. Seré el viento bajo tus alas a medida que armonizamos con un mayor entendimiento mutuo. Sanaremos las deslealtades del pasado y renovaremos nuestras vidas con honestidad y transparencia. Me entrego a ti completamente, y prometo amarte siempre, a partir de este día.

Prometo amarte, cuidarte, respetarte y crecer contigo por el resto de nuestras vidas. Este es mi voto solemne.

---

Me di cuenta de que para que yo pueda hacer cambios significativos de larga duración, ya sea en cuanto al estilo de vida, el comportamiento o las formas de pensar, es necesario que comience dando pasitos. Sin importar dónde se encuentre ahora en su relación, nada ocurre en una noche, y esperar un cambio instantáneo probablemente no sea razonable. Sin embargo, en algunas ocasiones puede suceder en un momento, como sucedió con Stephanie.

Stephanie y su esposo, Garth, han estado casados por muchos años, pero él siempre la irritaba mucho porque ella es una «fanática del aseo», mientras que Garth se siente cómodo con el desorden y la acumulación de cosas. Cuando conocí a Stephanie en un taller que yo dictaba sobre el amor Wabi Sabi en Sun Valley, Idaho, ella me explicó que el trabajo de Garth requiere que viaje fuera del estado por dos semanas cada mes, así que cuando él no está, la casa es «su casa» y todo se halla en su lugar. Sin embargo, cuando Garth se encuentra en la casa durante las otras dos semanas, impera el caos, y no importa cuánto ella le suplique o se queje, nunca nada cambia.

Les pedí a las participantes que formaran grupos de tres. Les expliqué que cada una debía compartir la principal queja que tenían sobre sus parejas y que se ayudaran mutuamente a encontrar una solución de amor Wabi Sabi.

Stephanie compartió su problema con sus compañeras de equipo.

—Stephanie, ¿tienes un perro? —le preguntó una de ellas.

—Sí —le contestó.

—¿Se le caen los pelos a tu perro?

—Sí.

—¿Qué haces cuando se le caen los pelos a tu perro?

—Recojo los pelos con la aspiradora.

—¿Aún así amas a tu perro?

Entonces Stephanie guardó un breve silencio. Ella susurró,

—Sí, por supuesto —susurró ella—.

Luego estalló en carcajadas y exclamó:

—¡Dios mío, a Garth se le caen los pelos!

Y al darse cuenta de eso, su mundo cambió. Unas pocas palabras alteraron su visión de su pareja. Él es como su mascota. ¡Imagine la libertad que halló en eso! Repentinamente ella entendió que al igual que su perro no puede evitar que se le caigan los pelos, tampoco Garth puede evitar ser desordenado. Es lo que él es.

Nueve meses después que esto sucedió llamé a Stephanie para comprobar si ella se sentía todavía bien con «el inevitable desorden» de Garth. Me dijo que no solo lo entendía y aceptaba, sino que también su relación estaba mejor que nunca, porque ahora ella dedica un tiempo a considerar todas las cosas que él hace para mejorar su conexión y su vida juntos, y procura encontrar soluciones de amor Wabi Sabi para todo lo demás.

Como ilustra la historia de Stephanie, a veces usted puede hacer un cambio instantáneo que altera la vida, pero la mayoría de las personas necesita comprometerse a dar pasitos diariamente a fin de transformarse a sí mismas y a su relación.

## Una fecha de vencimiento de la relación

A veces una excelente relación de almas gemelas termina. Reconocer que ha llegado el momento de marcharse es una decisión dolorosa y muy difícil. Las películas, los medios de comunicación y nuestra cultura en general simbolizan el final de una relación como una zona asolada por los conflictos de guerra, llena de peleas con respecto al dinero, los hijos, los bienes y hasta la mascota de la familia.

Afortunadamente, esto poco a poco comienza a cambiar, gracias en gran parte al trabajo de mi amiga Katherine Woodward Thomas, terapeuta y experta en relaciones. Katherine ha creado un proceso brillante e innovador llamado «separación consciente», un término que ella inventó hace unos años y se ha convertido rápidamente en parte del léxico de hoy después que Gwyneth Paltrow y Chris Martin lo utilizaran para anunciar su divorcio en el año 2014.

A través de su libro *Separación consciente* y sus talleres en línea, Katherine enseña un proceso de cinco pasos diseñado para permitir que cada individuo salga de la experiencia entero, sano y completo, en lugar de herido, sin fundamento y notablemente quebrantado.[27] A través de la separación consiente usted se libera el trauma de la ruptura, recupera su poder y reinventa su vida.

Katherine nombra las tres razones más comunes por la que las personas deciden separarse:

La primera razón por la que una relación podría terminar es que una de las partes se haya portado mal y violado los acuerdos fundamentales de la relación. Tal vez ha robado dinero de la cuenta bancaria familiar, tuvo una aventura, o está consumiendo drogas o bebiendo en exceso. La segunda razón es que después de años de intentar encontrar formas de convivir en paz, los residuos del resentimiento acumulado, la ira y los sentimientos heridos son insoportables. El daño causado es demasiado grande como para superarlo, y poco a poco las luchas entre ellos han erosionado el vínculo más allá de la reparación de una o ambas partes. Y la tercera razón es que los integrantes de la pareja simplemente han tomado caminos diferentes. No es raro encontrar parejas que alguna vez compartieron la misma visión para sus vidas, pero que ahora se encuentran en lugares muy diferentes, teniendo valores o metas muy diferentes según la manera en que desean pasar el resto de sus días.

Antes de terminar la relación, Katherine ofrece tres recomendaciones a aquellos que estén dispuestos a hacer un último intento para salvarla:

1. Busque terapia de pareja con un consejero profesional a fin de examinar profundamente todos los temas para ver si no se pueden resolver de una manera con la que ambos puedan vivir.

2. Comparta sus verdaderos sentimientos con su pareja sin «avergonzar o culpar» y dele una oportunidad para que realmente lo escuche y sienta, de modo que tenga la oportunidad de solucionar el problema.

3. Si su pareja responde a sus preocupaciones realizando acciones concretas para mejorar la situación, haga todo lo posible para complementar esos esfuerzos con los suyos propios, y dé todo de sí realmente antes de iniciar una «separación consciente».

Mi amiga Christine Hohlbaum y su esposo de veinte años asistieron a terapia de pareja, solo para descubrir que sus diferencias irreconciliables superaban lo que ellos todavía compartían. Después de un proceso doloroso que se extendió por seis meses, decidieron participar en el programa de separación consciente a fin de ampliar su comprensión de lo que vendría después en sus vidas. Christine y su esposo participaron en el programa por separado y a su propio ritmo. Fue un proceso profundamente espiritual que produjo el crecimiento de ambos y pudieron reconocer que podían bendecirse el uno al otro en su nuevo camino sin sentir resentimiento, ira o miedo.

El día que Christine vio el anillo de bodas de su marido en el estante de la cocina, ella lo abrazó y le dijo: «¡Has completado la última sesión!». Con la ayuda de este proceso, ellos aceptaron totalmente que su relación de amor con el alma gemela se había transformado en una de amistad. No solo se beneficiaron al reconocer cómo su relación había cambiado, sino que sus hijos también lo notaron. Ahora se llevan mejor que nunca y se trata el uno al otro con justicia, bondad y respeto. Esto los liberó para perseguir sus propósitos en la vida a sus propias maneras: él consiguió el trabajo de sus sueños en un país vecino y ella conoció a su nueva alma gemela, quien comparte bastante de lo que se mantuvo latente en su interior durante años.

## ¿Es él realmente mi alma gemela?

Si bien es cierto que algunas relaciones de almas gemelas tienen una fecha de vencimiento y no están destinadas a durar para siempre, como hemos analizado en el Capítulo 8, una vez que usted ha estado enamorada de alguien, su cerebro todavía sigue diseñado para amar a esa persona. Si es sincera, está preparada y disponible para encender de nuevo el amor, un punto de inicio para que su pareja se convierta en su alma gemela está en decidir tres cosas:

1. ¿Es él mi alma gemela?

2. ¿Estoy dispuesta a reconsiderar nuevamente la forma en que pienso acerca de él y nuestra relación?

3. ¿Estoy dispuesta a crear una relación más feliz y fuerte?

Si no está segura de que él sea su alma gemela, considere estas preguntas:

¿Pensé alguna vez en él como mi alma gemela? Si no, ¿qué ha cambiado?

Ahora que tiene nuevas definiciones de lo que es un alma gemela (alguien con el que puede sentirse completamente libre, alguien con quien comparte un amor incondicional y cuando lo mira a los ojos se siente muy cómoda), pregúntese: ¿Puedo aceptarlo como mi alma gemela?

¿Lo amo?

¿Lo respeto?

¿Lo considero atractivo?

¿Puedo imaginar pasar el resto de mis días sin él?

¿Parece más atractivo pasar el resto de mi vida sola que quedarme con él?

Si alguna de mis respuestas son negativas, ¿estoy dispuesta a considerar la posibilidad de una consejería de pareja?

## Convierte a tu pareja en tu alma gemela: 16 pasos

Ahora que ha establecido una nueva comprensión del amor y el matrimonio, está lista para poner en marcha el proceso de convertir a su pareja en su alma gemela. Vamos a comenzar con un propósito claro y luego continuar con los «pasitos» suaves que construirán su propio camino a una vida de amor y felicidad. Puede ser útil llevar un diario mientras haga este viaje; en él puede escribir los ejercicios simples y también anotar su progreso. ¡Y si quiere ser muy valiente y osada, comparta este diario con su pareja y anímelo para que también escriba en él!

### Paso 1: Componga su declaración personal
### sobre el propósito de amar

Un estudio realizado en Harvard en 1989 demostró que los que escriben sus metas tienen diez veces más éxito a la hora de alcanzarlas que aquellos que no las escriben. Otro estudio demostró que los que no solo escriben sus metas, sino también las comparten con otra persona, tienen incluso más éxito en alcanzarlas. Uno de los principios básicos de por qué expresarlas afirma que «todo aquello a lo que le dedique su atención, crecerá». Para tener más amor en su vida, el punto para empezar es *ser* más amorosa.

Brian tiene un hermoso propósito de amar que vive cada día: «Cada persona con la que tengo contacto tendrá la experiencia de ser amada».

Mi declaración es: «Soy una estudiante del amor y una filántropo del amor». ¡Además, aspiro a ser más como Brian!

Ahora escriba su propia declaración del propósito de amar, una declaración que expresa la amplitud y profundidad de su amor.

### Paso 2: *Agréguele placer a su vida*

¿Recuerda el viejo adagio: «¡Si mamá no está feliz, nadie está feliz!»? Esto es muy cierto. Decidir ser responsable de su propia felicidad puede comenzar ahora mismo. Empiece imaginando qué es la «felicidad» para usted. Para mí, creo que la felicidad es tener un sentimiento de contentamiento y satisfacción, además de saber y confiar en que vivo en un universo amigable. He aprendido que a pesar de las circunstancias, la mayoría de las veces puedo recordar y cambiarme a este estado de felicidad. Mi meta final es alcanzar el estado de *santosha*, que es la palabra en sánscrito para «felicidad inquebrantable».

Reducir el estrés resulta crítico para tener mayor felicidad. A fin de lograrlo, debe elevar los niveles de oxitocina en su cerebro. Asegúrese de planear actividades semanales para hacerlo, como recibir masajes, hacerse la manicura o pedicura, pasear con sus amigas, ir a la peluquería y salir de compras. Además, recibir abrazos de veinte segundos es la manera más rápida de elevar el nivel de oxitocina.

### Paso 3: Defina a su alma gemela

Declare que su pareja es su alma gemela y describa cómo sabe que esto es cierto. ¡Cuando termine, compre una tarjeta para su amado e incluya en ella los detalles de su descripción!

### Paso 4: Reviva la historia de cómo se conocieron

Remóntese al pasado a los primeros días de su romance. Escriba la historia de su encuentro y describa todos los detalles vivificantes y emocionantes de cómo se encontraron, incluyendo:

- Su primera impresión positiva de él.

- La parte de su cuerpo que le resulta más atractiva.

- Algo gracioso o amable que le ha observado hacer.

- Cualquier sentimiento que tenga sobre la posibilidad que sea «el elegido».

- Las reacciones positivas de la familia o los amigos cuando lo conocieron.

- Cómo se sintió la primera vez que se besaron.

Recuerde que al compartir historias positivas acerca de su pareja reforzará los sentimientos dulces, lo hará sentirse bien, e incluso creara más amor en su relación. Cambiar de perspectiva al enfatizar los atributos positivos de su pareja no solo altera la energía en usted, sino también entre ustedes.

*Paso 5: Cree el espacio para más amor*

Crear el ambiente para disfrutar de la mayor cantidad de amor en su relación puede requerir que examine cómo se relaciona con su cónyuge. Recuerde que la mayoría de los hombres desea respeto; lo que más quieren es sentirse necesitados y valorados. Alábelo con generosidad por todas las cosas que hace bien y dígale cómo y qué sus acciones proveen para usted.

Cuando le hable a su cónyuge, recuerde no «avergonzarlo ni culparlo» o criticarlo. Acérquese mostrando amabilidad por medio de sus palabras amables, el tono de voz y el lenguaje corporal. Haga un compromiso de portarse así con él todos los días. Y cuando necesite decirle algo que la molesta, comience por mencionarle primero cinco cosas que ha hecho bien y cuánto usted las aprecia.

*Paso 6: Pida lo que necesita*

Aprender a pedir con eficacia y claridad lo que necesita y desea, una petición a la vez, hará la vida más fácil para ambos. Fomente una cultura de comunicación impactante aprendiendo a escuchar mejor. Repase los ejemplos de la página 139.

*Paso 7: Aprenda a hablar el
mismo lenguaje del amor*

Imagine lo que sería la vida con su amado si cada uno le preguntara al otro una vez por semana: «¿Qué puedo hacer para que tu vida sea mejor?». Solo se necesita una persona para empezar a hacer un cambio, así que si comienza esta práctica hoy, es muy probable que su pareja sea recíproca. Además, si todavía no ha determinado su lenguaje del amor y el de su pareja, responda el cuestionario que encontrará en www.5lo-velanguages.com. Si es posible, procure que su pareja complete también el cuestionario al mismo tiempo, de modo que puedan conversar al respecto. Cuando descubra cuál es el lenguaje del amor de su pareja, comprométase conscientemente a expresarle su amor de la manera que él mejor pueda sentirlo y oírlo.

### Paso 8: Revise los contratos sagrados

Cada relación que tenemos nos ofrece la oportunidad de aprender y crecer. Escriba las respuestas a las siguientes preguntas:

- ¿Cuáles son algunos de los contratos sagrados que usted y su pareja tienen?

- ¿Qué ha aprendido y continúa aprendiendo el uno del otro?

- ¿Cuáles fueron las razones por la que se unieron?

Las respuestas revelarán los contratos sagrados que comparten. Examine los contratos mentalmente. ¿Cómo puede mejorar los términos de los contratos? Las respuestas a estas interrogantes servirán como un recordatorio y un incentivo positivo para regresar al origen del acuerdo de estar juntos.

### Paso 9: Haga el voto de amnistía Wabi Sabi

Imagine cómo su pareja se sentiría si le prometiera que nunca volvería a insistirle en cuanto a esa cosa que hace que la molesta o por la cual se queja tanto y nunca cambia. En una tarjeta o pedazo de papel escríbale el voto que aparece en la página 243 a su pareja (también puede imprimirlo o enviárselo por correo electrónico tomándolo de este sitio web: www.matetosoulmatge.com/amnesty).

### Paso 10: Use lentes de color rosa

Las parejas que conscientemente escogen usar «lentes de color rosa» tienen relaciones más extensas, satisfactorias y felices. Al usar lentes de color rosa, las parejas buscan lo que está bien y no lo que está mal. Cómprese un par de lentes color rosa para usarlos en los días cuando cree que se mostrará crítica o hará reproches.

### Paso 11: Cree una declaración conjunta de visión

Muchas parejas de éxito comparten una visión conjunta para sus vidas. La nuestra es: «Haremos elecciones y tomaremos decisiones basados en lo que es mejor para la relación». Al hacer esto, ocasionalmente tenemos que transigir, porque cuando consideramos algo teniendo en mente lo que es mejor para la relación, la respuesta por lo general resulta muy clara.

Los expertos en relaciones Gay y Kathlyn Hendricks, que han escrito muchos libros exitosos, incluyendo *Concious Loving* [Amor consciente], están comprometidos con la declaración siguiente: «Nos desarrollamos cada día en el amor y la creatividad, y a la vez inspiramos a otros para hacer lo mismo».

Voto de amnistía Wabi Sabi

Querido _____, te amo. Eres mi
mejor amigo, amante y pareja. Como sabes, los pasados _____ años te
he estado juzgando y criticando por _____.
Recientemente he adoptado el concepto de amor Wabi Sabi, aprendiendo a encontrar la belleza y la perfección en la imperfección. Mi
regalo y voto para ti es concederte una amnistía por esto.

Con este voto de amnistía Wabi Sabi, decido hoy liberarte de mis críticas y considerar este asunto de manera diferente. Mi nueva historia
es _____.

Ahora prometo dar lo mejor de mí para aceptarte como eres y buscar
y encontrar la belleza y la perfección en este hábito que me ha moles-
tado en el pasado.

Por favor, perdóname por todas las veces que te he culpado, avergon-
zado, juzgado o agobiado debido a esto.

Gracias por todo lo que haces para que nuestra vida sea maravillosa.

Con amor, _____

P.D. Si empiezo a fallar (me doy cuenta de que tampoco soy perfecta),
te doy permiso para ponerme en mi lugar simplemente diciendo con
bondad: «¿Dónde está el amor Wabi Sabi?».

Mis amigos Lisa y Ken han acordado: «Somos mejores amigos y tratamos al otro con amor, respeto y bondad».

Tome la iniciativa y escriba un primer borrador. Después compártalo con su pareja para que él también agregue algo hasta que logren una declaración de visión conjunta que refleje la intención de ambos. Cuando tenga lista su declaración, colóquela en un lugar donde la puedan leer cada día y les sirva como recordatorio, tal vez la puerta de la refrigeradora o el espejo en el baño. Además, considere la renovación de su relación a través de los nuevos votos. Vea «Voto de la relación» en la página 230.

### Paso 12: Invite a Dios a su relación

Comenzar la práctica diaria de la gratitud es la manera más fácil de despertar la conciencia espiritual en su vida. Las propiedades sanadoras de la gratitud echan fuera las tristezas. En realidad, cuando la gratitud está presente en su vida, es imposible tener temor. Ser agradecido cambia literalmente su modo de pensar de lo imposible a lo que es posible. La gratitud también le permite estar en sintonía con el Poder Superior, al cual podemos acceder e invitar a nuestra relación en todo momento.

### Paso 13: Agregue encanto y aventura

Una manera de iniciar el romance en su relación es a través de la naturaleza vinculante y el poder de una oleada de adrenalina. Ya sea que se trate de una película de terror, saltar de un puente, navegar en canoa por aguas turbulentas o subirse a una montaña rusa, planee una aventura con su amado e intente algo nuevo y lleno de aventura.

### Paso 14: Practique el perdón de sí misma y su pareja

El perdón es un don que nos damos a nosotros mismos a fin de tener paz mental. Perdonar no significa que olvidamos o permitimos que personas o situaciones dañinas permanezcan en nuestra vida. No se trata de un proceso de reconciliación, sino más bien significa estar dispuesta a liberarse de las heridas, el enojo y los resentimientos. Fred Luskin enseña que perdonar conduce a mejores sentimientos de esperanza, paz, compasión y autoconfianza. «Si le han tratado mal, y no está completamente sana, será más desconfiada, se portará a la defensiva, y peleará más», dice Luskin.

El pastor y autor Rick Warren afirma que el resentimiento es «una herida autoinfligida. Si alguien se encuentra resentido, siempre le dolerá más que a la persona contra la cual siente amargura. En realidad, mientras uno está todavía preocupado por algo que sucedió hace años, ¡ellos lo han olvidado! Su pasado es su pasado, y no puede hacerle más daño a menos que se aferre a él».[28]

Un estudio en la Universidad Duke demostró que perdonar y dejar los viejos rencores reduce los niveles de depresión, ansiedad e ira. Las personas que perdonan tienen mejores relaciones, se sienten más felices y son generalmente más optimistas, disfrutando de un mejor bienestar psicológico. Una manera de empezar es practicando el proceso de Ho'oponopono para perdonar que se encuentra en la página 225.

## Paso 15: Dispóngase a ser vulnerable

Si usted fuera a mirar dentro del cerebro humano, estoy segura de que encontrará las emociones de temor y vulnerabilidad una al lado de la otra. Resulta aterrador abrirse de nuevas formas, porque usted no tiene la experiencia para saber lo que ocurrirá. Muchos nos cerramos como un acto de autoprotección debido a la creencia de que lo malo que conocemos probablemente es mejor que el bien que podríamos disfrutar si nos volviéramos vulnerables. Sin embargo, la vulnerabilidad es el único camino a la intimidad. Y la intimidad es el pegamento de una relación de larga duración.

Practique compartir solo una cosa pequeña con su pareja que probablemente no le habría comunicado por temor a la reacción que recibiría. Puede ser algo tan simple como dar su opinión acerca de lo que oyó en las noticias o sobre la película que acaban de ver juntos. La única forma de lograr algo nuevo es proceder de una manera nueva. Su pareja podría sorprenderla también actuando diferente.

*Paso 16: Realice el ejercicio de la intimidad*
*para profundizar y reconectarse*

Separe un tiempo de noventa minutos a fin de estar a solas con su pareja y turnarse para preguntarse el uno al otro las treinta y seis preguntas profundas y reflexivas del «Ejercicio de la intimidad», el cual se encuentra a partir de la página 207. Después de que haya contestado todas las preguntas, párense o siéntese el uno frente al otro y con ternura mírense a los ojos en silencio por cuatro minutos.

Tómese su tiempo con este programa de renovación. Es posible que experimente reveses, lo cual es normal cuando se trata de algo nuevo. Cambiar un hábito no es algo que ocurre instantáneamente, aunque las epifanías a veces sí lo hacen. Estos pasos aceleraran el proceso de convertir a su pareja en su alma gemela. ¡Sígalos y observe lo que ocurre después!

## Imperfecta y fabulosa

Felicitaciones. Ha logrado llegar hasta este punto. Si no lo ha notado hasta ahora, la vida se trata de un amor loco, desordenado y sudoroso. El camino nunca es perfecto. Nada lo es jamás. Como seres humanos podemos ser imperfectos, pero eso no significa que no seamos capaces de tener relaciones fabulosas.

La autora y sanadora espiritual Courtney A. Walsh escribe sobre el amor, la vida y todas las cosas maravillosas. Una de sus cartas más famosas se titula «Querido humano»:

Querido humano:

Te has equivocado en todo. No has venido aquí para ser un experto en el amor incondicional. De allí vienes y allí vas a regresar. Has venido aquí para aprender sobre el amor personal.

El amor universal. El amor caótico. El amor sudoroso. El amor loco. El amor quebrantado. El amor completo.

Infundido con divinidad. Vivido mediante la gracia del tropiezo. Demostrado a través de la belleza de... los errores. A menudo.

No viniste aquí para ser perfecto. Ya eres perfecto. Viniste aquí para ser maravillosamente humano. Imperfecto y fabuloso.

Y para elevarte otra vez hasta el recuerdo.

Pero, ¿amor incondicional? Deja de contar esa historia. El amor, en realidad, no necesita NINGÚN otro adjetivo. No requiere modificadores. No requiere la condición de la perfección. El amor solo pide que aparezcas. Y que des lo mejor de ti. Que estés presente y sientas plenamente.

Que brilles y vueles y rías y llores y seas herido y sanes y
caigas y te levantes y juegues y trabajes y vivas y mueras
siendo TÚ.

Eso es bastante. Es suficiente.[29]

Aspire el poder de las palabras de Courtney. Imprima su
carta como un recordatorio para cuando olvide que está bien
ser imperfecta y fabulosa. Colóquela sobre su escritorio, en
el espejo del baño o la puerta de su dormitorio. Recuerde que
el amor no necesita de adjetivos. El amor es amor. Es de donde provinimos. Es el lugar al cual regresaremos.

El punto es vivir el amor ahora, lo mejor que pueda.

## Invente su vida de amor

La conversación más importante en el mundo es la que tenemos en nuestra mente cada día. Y, lamentablemente, según
los científicos, concebimos alrededor de sesenta mil pensamientos a diario. Eso significa que cada día la mayoría de
las personas tiene más de cuarenta y cinco mil pensamientos negativos. Se ha demostrado que «nuestras creencias
se convierten en nuestra biología». Cada detalle de nuestra
vida es directamente afectado por nuestros pensamientos.
Por lo tanto, nuestro diálogo interno impacta cada ámbito de
nuestra vida, desde nuestra salud y nuestras finanzas hasta
nuestra vida amorosa.

En un artículo de *Redbook*, Hannah Hickok cita al psicólogo Vagdevi Meunier, fundador del Centro para las Relaciones: «Si se enfrasca en diálogos sin esperanza, negativos
o críticos [acerca de su cónyuge], en realidad está teniendo

una relación más fuerte con su esposo en su mente que con la persona real». Hickok continúa diciendo: «Cambiar su manera de hablar mentalmente por algo más positivo, vulnerable y empático —con el cónyuge con el que conversa en su mente *y* en su vida— puede ayudarla a replantearse su dinámica. En otras palabras, en lugar de preguntarse: *¿Todavía lo amo?*, piense: *Lo amo porque elegí ver todas las cosas que lo hacen maravilloso*».[30]

Esto requiere que vistamos nuestros pantalones de niña grande y estemos dispuestas a ser adultas emocionalmente maduras. Se trata de manejar nuestros pensamientos, creencias y emociones. Al permitir que nuestra «mente inquieta» imagine continuamente conversaciones negativas acerca de nuestra pareja, creamos una situación dañina, en la que resulta imposible ganar.

Suponiendo que su relación no esté marcada por el abuso, la adicción o un comportamiento intolerable (porque todo esto requiere consejería profesional de parejas), en realidad depende de usted decidir convertirse en una «estudiante del amor» y dar los pasitos necesarios para volver a visualizar y revivir su amor y su pasión. Ahora tiene una gran variedad de formas de impactar positivamente el futuro de su relación. La muy buena noticia es que se requiere solo de usted, una persona, para poner en marcha el proceso en la dirección correcta. Una vez que haya comenzado, es muy probable que su pareja responderá de maneras que la cautivarán y sorprenderán.

El cambio verdadero es posible, y usted puede hacer del proceso algo divertido y agradable. Piense de esta forma en cuanto al mismo. Imagine que por los últimos cinco, diez o veinte años (quizás más) ha tenido una pecera grande en su sala de estar. Cuando la decoró la primera vez, todo era nuevo y hermoso. Llenó su pecera con agua fresca y peces de colores, y por un tiempo recordó de manera regular que debía vaciar el tanque y limpiarlo. Su pecera era el centro de atención en su hogar. Cada noche, con una copa de vino en la mano, usted y su amado se sentaban juntos en el sofá y disfrutaban de los sensuales movimientos de los peces que nadaban libremente, mientras escuchaban el suave gorgoteo de la bomba de oxígeno. Con el transcurso de los años, sus ocupaciones aumentaron con el trabajo, los hijos y la vida en general, y a la larga el agua de la pecera se volvió cenagosa. El moho comenzó a crecer por todo el vidrio y los peces empezaron a morirse. Cuando se detuvo un momento a fijarse en la pecera, se preguntó si al final debía desecharla o emplear el tiempo necesario para limpiarla hasta revivirla.

Si ha leído hasta aquí, las probabilidades son que usted esté dispuesta seriamente a renovar su pecera. Ahora está preparada para considerar llevar su relación de vuelta a la vida. Si todavía no está ciento por ciento comprometida a mejorar su relación, considere esto: más de cincuenta por ciento de las primeras nupcias (en los Estados Unidos), sesenta y siete por ciento de las segundas nupcias, y setenta y tres por ciento de las terceras nupcias terminan en divorcio. ¿Por qué? Muy a menudo debido a que no han aprendido de las lecciones del pasado y cometen los mismos errores una y otra vez, creando conflictos similares.

Aunque todavía no he inventado la varita mágica para convertir a su pareja en su alma gemela, esto puede pasar en una transformación instantánea de amor Wabi Sabi.

Recuerde la historia de Stephanie y Garth. Cuando Stephanie entendió que Garth era desordenado, su relación cambió de mediocre a excelente. En la historia de Inga y Jack Canfield, cuando Inga decidió ser la «estación de servicio» de Jack, ella transformó radicalmente su compromiso con su relación. Al hacer esto, Inga no solo creó una nueva forma de mantener su amor y su matrimonio, sino que también puso en práctica lo que mi amado Brian llama «la matemática del alma gemela». En la matemática básica, uno más uno equivale a dos. En la matemática del alma gemela, uno más uno equivale a once y su amor bendice al mundo.

Convertir a nuestra pareja en nuestra alma gemela es un proceso que requiere atención diaria, si no el esfuerzo ocasional de minuto a minuto cuando debemos recordar *escoger amar*. Escoger amar está en darnos cuenta que la felicidad de nuestra pareja es tan importante como la nuestra propia y que estamos comprometidos a compartir con esa persona nuestro aprecio, afecto y atención.

Una manera de *escoger amar* es practicando la generosidad y la bondad. Un estudio que examinó el papel de la generosidad en el matrimonio, realizado por el Proyecto Nacional del Matrimonio de la Universidad de Virginia, descubrió que la virtud de darle cosas buenas a nuestro cónyuge de manera libre y abundante ayuda a que las parejas desarrollen una relación fuerte y estable.[31] Las preguntas en el estudio estuvieron dirigidas a tres áreas. ¿Realizan los cónyuges pequeños actos de bondad el uno por el otro? ¿Se expresan afecto regularmente? ¿Son capaces de perdonar? Resulta evidente que una dosis pequeña de bondad y generosidad puede tener un impacto grande en el nivel de su relación.

Hay una cosa que sé con noventa y ocho por ciento de certeza, y es que su pareja no se despertó esta mañana pensando: «¿Cómo puedo exasperar a mi cónyuge hoy?». Al igual que usted y yo, nuestra pareja desea ser amada y aceptada por lo que es, con defectos y todo. Cuando aprendemos a cambiar nuestra percepción de ellos y los aceptamos con sus imperfecciones y virtudes como seres humanos que son, todos ganan en el amor, y el premio para ambos es un amor más grande y delicioso de lo que nunca se imaginó.

Toda una vida de amor con el alma gemela es una sopa deliciosa de química, comunicación, compatibilidad, conexión, vulnerabilidad y la decisión que hacemos de usar nuestras gafas de color rosa. Todos queremos y necesitamos una pareja que sea nuestro amante, nuestro mejor amigo, y un espacio cálido donde descansar. Queremos una pareja con la que podamos sincerarnos por completo, mostrándonos tal como somos, una que nos ame en las buenas y sobre todo también en las malas. Cuando nos damos cuenta de que estamos observando o incluso obsesionándonos con las imperfecciones de nuestra pareja, debemos recordar detenernos, cambiar nuestros pensamientos y replantearlos de una manera positiva.

Y si realmente está estancada en la negatividad, medite en mi frase favorita del libro *A Course in Miracles* [Un curso en milagros]: «La única cosa que puede faltar en cualquier situación es la que usted no está dando». Pregúntese si quizás, solo quizás, está dispuesta a dejar en ese momento toda la crítica que siente y permitirse ser más tolerante, cariñosa, bondadosa y compasiva.

A lo largo de estas páginas se han clarificado las verdades esenciales de lo que hacen las parejas felices para mantener ardiendo con fuerza el fuego del amor. Las lecciones son simples. Sin embargo, los resultados pueden transformar las vidas.

- Exprese su amor y afecto con frecuencia.

- Sea atenta. Los pequeños gestos son lo que significan mucho.

- Aprenda a amar lo que su pareja ama, para que pueda participar en algunas de sus pasiones.

- Practique la vulnerabilidad y comparta lo que siente con vulnerabilidad y honestidad, siempre con mucho amor, bondad y generosidad.

- Recuerde encontrar la belleza y la perfección en la imperfección.

La elección es suya. Ahora sabe lo que es una verdadera alma gemela, y aunque la suya no haya llegado con un «manual personal», mi sueño es que este libro pueda servirle de guía y recordatorio de cómo transitar juntos este viaje de amor.

# Agradecimientos

La idea para este libro floreció por primera vez en una conversación con mi maravillosa amiga Lisa Sharkey. *El secreto del alma gemela* acababa de ser publicado. Ella me felicitó y dijo: «Es maravilloso que hayas escrito un libro para personas solteras, pero la próxima vez dime cómo podría convertir a mi pareja en mi alma gemela». Esa idea embargó mi mente por años, y el resultado es el libro que ahora tiene en sus manos.

Literalmente, hay decenas de personas por cuyo amor y apoyo estoy muy agradecida. Mi hermana, la fabulosa Debbie Ford: tus susurros y dirección desde el «otro lado» llegaron fuertes y claros. Christine Hohlbaum, mi amiga y editora, quien trabajó codo a codo conmigo (a pesar de que estaba en Alemania): no pude haber hecho esto sin ti; tus habilidades creativas, compromiso y chispeante energía son evidentes en cada página. Nick Ortner: muchas gracias por «empujar-me» compasivamente durante mi resistencia inicial a escribir este libro.

Estoy sumamente agradecida con las valientes almas que compartieron conmigo su sabiduría, sus descubrimientos y sus historias, incluyendo a Carol Allen, Alison Armstrong, Dr. Arthur Aron, Heide Banks, Gabrielle Bernstein, Mat Boggs, Brené Brown, Inga y Jack Canfield, Carlos Cavallo, Gary Chapman, Diane V. Cirincione y Jerry Jampolsky, Otto y Susie Collins, Panache Desai, Hale Dwoskin, Donna Eden y David Feinstein, Rabbi Baruch Ezagui, Dr. Helen Fisher, Elizabeth Gilbert, Vivian Glyck, Dr. John Gottman, John Gray, Gay y Kathlyn Hendricks, Harville Hendrix y Helen LaKelly Hunt, reverenda Cynthia James, Matt Licata, Lana Love y David Almeida, Fred Luskin, Jill Mangino y Ray Dunn, Peggy McColl y Denis Beliveau, Pujya Swamiji, Stephanie Reed, Lynn Rose y Bob Doyle, Sadhvi Bhagawati Saraswati, Linda Sivertsen, Katherine Woodward Thomas, Joe Vitale, Neale Donald Walsch, Courtney A. Walsh y Marianne Williamson.

A mi equipo de ensueño en HarperElixir, Claudia Boutote, Gideon Weil, Mark Tauber, Melinda Mullin, Laina Adler, Jenn Jensen, Suzanne Quist, Terri Leonard, Hilary Lawson y Adrian Morgan: gracias por su amor, creatividad y apoyo para este libro.

A mi ángel de relaciones públicas, Jill Mangino: gracias por siempre ocuparte de mí y buscar maneras de propagar la noticia. A Rita Curtis: estoy en deuda contigo por lanzar y mantener mi carrera como conferencista. Eres una gema y una buena amiga.

A mi familia en *Evolving Wisdom*, Claire Zammit, Craig Hamilton y todo el equipo: gracias por el impacto que están causando en el mundo e invitarme al círculo. Me siento honrada de formar parte de un grupo tan talentoso y dedicado de almas evolutivas.

A Doc Childre, Deborah Rozman, Howard Martin, y a todo el grupo del Instituto HeartMath: estoy muy agradecida con ustedes por sus aportaciones pioneras e innovadoras en el ámbito de la inteligencia del corazón. Han cambiado e impactado positivamente mi vida de maneras grandes y pequeñas.

A mi madre, Sheila Fuerst: bendiciones eternas por la luz amorosa y resplandeciente que siempre brilla sobre nosotros.

Por último, a mi alma gemela y mi amado esposo, Brian Hilliard, que me apoyó en este proceso de principio a fin: no hay palabras para expresar mi amor profundo y aprecio por el amor y la atención constante que recibo de ti a cada momento; gracias por amarme de la manera que lo haces; gracias por ser siempre el lugar seguro donde puedo descansar. Te amo.

# Recursos

CAROL ALLEN es una felizmente casada astróloga Veda, experta en relación, y autora de *Love is in the Starts: The Wise Woman's Astrological Guide to Men*. [El amor está en las estrellas: guía astrológica de la mujer sabia a los hombres]. Carol ha sido presentada en el programa E!, *Bridezillas*, *Extra* y *Dr. Drew's Lifechangers*. Si desea profundizar una relación o sanar patrones de amor de toda una vida, moldee su destino romántico con los boletines gratuitos de Carol, catálogos de libros, informes de astrología personalizada y programas. *www.loveisinthestars.com*.

ALISON ARMSTRONG explora las buenas razones detrás del comportamiento de hombres y mujeres, tales como las diferencias fundamentales en las maneras de pensar, actuar y comunicarse. Ella ofrece soluciones simples, basadas en la colaboración para mejorar nuestra comunicación y la intimidad honrándonos a nosotros mismos y los demás. Ella es conocida por su visión, sentido del humor y capacidad para articular la experiencia humana y el dilema del género. *www.understandmen.com*

HEIDE BANKS ayuda a las personas a liberarse de las heridas y las relaciones del pasado, de modo que puedan seguir adelante con sus vidas y experimentar mayor amor, gozo y satisfacción. Hay muchas cosas invisibles que obstaculizan nuestra capacidad para lograr el éxito en nuestras relaciones. Heide trabaja activamente, y psicológicamente, basándose en sus más de veinte años de experiencia como entrenadora en relaciones a fin de identificar estos patrones y ayudar a las personas a liberarse, para que así experimenten el amor que merecen tener. *www.heidebanks.com*

GABRIELLE BERNSTEIN ha sido llamada por Oprah Winfrey como «una nueva líder del pensamiento». Ella aparece regularmente como una experta en *The Dr. Oz Show* y fue considerada un «nuevo modelo de vida» por el *New York Times*. Gabrielle es la autora de *May Cause Miracles* [Puede causar milagros] y *Miracles Now* [Milagros ahora], libros que aparecen en la lista del *New York Times* como éxitos de ventas. Sus otros libros incluyen *Add More -ing to Your Life* and *Spirit Junkie*. Gabrielle es una «activista espiritual» y recientemente ha colaborado con Deepak Chopra a fin de presentar el mayor grupo de meditación en el *Libro Guinness de los Récords*

*Mundiales.* Para más información sobre las obras de Gabrielle, visite su página *www.gabby.tv,* o únase a su comunidad social en línea que ayuda al fortalecimiento, la inspiración y la conexión de la mujer en *www.herfuture.com.*

MAT BOGGS es el coautor del exitoso libro *Project Everlasting* [Proyecto eterno] y creador de Cracking the Man Code [Descifrando el código del hombre]. Ha sido presentado en *The Today Show, CNN's Headline News, Showbiz Tonight,* Style Network y muchos más. Como un reconocido conferencista y experto del amor, Mat se especializa en ayudar a las mujeres para «descubrir a su hombre» y atraer la relación que ellas desean.
*www.crakingthemancode.com*

OTTO Y SUSIE COLLINS son una pareja casada de almas gemelas, autores, conferencistas y expertos comprometidos a ayudar a las personas en todo el mundo para que desarrollen más amor, intimidad, pasión y conexión en sus relaciones y vidas. Sus libros y audios sobre el amor y las relaciones incluyen *Ret Hot After 50* [Muy apasionada después de los 50], *Hypnotize His Heart* [Cautive su corazón] y *Magic Relationship Words* [Palabras para relaciones encantadoras]. A fin de obtener más información sobre Susie y Otto y entender su relación y sabiduría de vida, visite su página *www.susieandotto.com.*

PANACHE DESAI es un líder contemporáneo del pensamiento cuyo don de transformación por vibraciones ha atraído a miles de personas de todo el mundo. Sin estar alineado con ninguna religión o tradición espiritual, opera como una línea directa a la conciencia divina, fortaleciendo a las personas para liberarse del dolor sufrido, la tristeza y las creencias autolimitantes.

*www.panachedesai.com*

HALE DWOSKIN es el autor de *El Método Sedona*, considerado un éxito de ventas por el *New York Times*, y aparece en la película *Letting Go*. Él es el presidente ejecutivo y director de enseñanza de Sedona Training Associates, una organización que enseña cursos en técnicas de liberación emocional inspiradas por su mentor, Lester Levenson. Hale es un conferencista internacional y miembro de la Facultad en *Esalen* y el *Instituto Omega*. También es uno de los veinticuatro maestros destacados del libro y la película *El secreto*, y también es miembro fundador del *Consejo de liderazgo transformacional*. Durante más de tres décadas, regularmente ha estado enseñando el método Sedona a individuos y corporaciones a lo largo de los Estados Unidos y el Reino Unido y ha conducido entrenamientos y retiros a nivel superior desde la década de 1990. También es coautor, con Lester Levenson, de *Happiness is Free: And It's Easier Than You Think!* [La felicidad es gratis: y es ¡más fácil de lo que usted piensa!] (una serie de cinco libros).

*www.sedona.com*

DONNA EDEN y DAVID FEINSTEIN han edificado la organización de enseñanza de Medicina Energética más grande y vibrante del mundo durante sus treinta y nueve años juntos. Sus más de mil cien profesionales certificados están sirviendo a miles de clientes y enseñando cientos de clases en los Estados Unidos, Canadá, América Latina, Europa, Asia y Australia. Juntos han escrito cuatro libros ganadores de premios, incluyendo el más reciente sobre su tema favorito, *The Energies of Love* [Las energías del amor]. Donna se encuentra entre las más buscadas, alegres y acreditadas autoridades en el tema de la energía médica, y sus habilidades de sanidad son legendarias. Para más información, visite la página *www.learnenergymedicine.com*. David, un psicólogo clínico, es un pionero y líder en energía psíquica. Para más información visite la página *www. energypsyched.com*

El RABINO BARUCH EZAGUI es director de la organización Chabad en La Jolla, California. Chabad, un acrónimo hebreo de «sabiduría, comprensión y conocimiento» constituye un movimiento judío intelectual místico que comenzó como una rama del jasidismo hace doscientos cincuenta años. Su visión global es inspirar a toda la humanidad a encontrar su principal común denominador y revelar el ciclo aquí en la tierra. Cuenta con aproximadamente cinco mil centros en todo el mundo y tiene el fin de responder a las necesidades religiosas, sociales y humanitarias alrededor del orbe. El rabino Ezagui está comprometido a ayudar a los individuos de cualquier contexto social a alcanzar su potencial. *www.chabadoflajolla.com*

HELEN FISHER, PH.D. profesora en la Universidad de Rutgers, es antropóloga y una de las principales expertas e investigadoras sobre el amor y la química cerebral. *www.theanatomyoflove.com*

VIVIAN GLYCK es patrocinadora de la Fundación Just like My Child y creadora del proyecto Girl Power, un programa educativo enfocado en proteger a un millón de jovencitas vulnerables para evitar el abuso sexual, la enfermedad, el embarazo temprano y el alejamiento de la escuela. *www.justlikemychild.org*

JOHN GOTTMAN y su esposa, Julie, son cofundadores del Instituto Gottman, una organización de renombre internacional dedicada a combinar la sabiduría de más de cuatro décadas de investigación y práctica para apoyar y fortalecer a los matrimonios y las relaciones, ofreciendo talleres y recursos para las parejas, las familias y los profesionales. El método Gottman usa un enfoque práctico para ayudar a las parejas a romper barreras y lograr mejor entendimiento, conexión e intimidad en sus relaciones. *www.gottman.com*

JOHN GRAY, consejero de relaciones, conferenciante y autor, ha escrito diecisiete libros sobre las relaciones y el crecimiento personal, entre ellos uno de los más vendidos de todos los tiempos, *Los hombres son de Marte, las mujeres son de Venus*. En su sitio web, aprenderá nuevas habilidades para mejorar la comunicación y obtener lo que desea en sus relaciones, dentro y fuera del dormitorio. Más allá de las habilidades de relación, también aprenderá a agregar los nutrientes importantes a su dieta para aumentar su energía, disfrutar mejor de su sueño, equilibrar sus hormonas, aumentar su libido y estabilizar su estado de ánimo positivo. Este aspecto nutricional resulta esencial para experimentar toda una vida de amor y pasión. www.*marsvenus.com*

HEARTMATH es un líder mundial en las áreas de la variabilidad del ritmo cardíaco (HRV), el estrés y el bienestar. HeartMath y su sucursal, el instituto sin fines de lucro HeartMath, han pasado más de dos décadas investigando y educando a profesionales y clientes acerca de la retroalimentación HRV y el entrenamiento de coherencia HRV y su función en el alivio del estrés, la autorregulación emocional y el aumento del rendimiento y el bienestar. Ellos han desarrollado herramientas de investigación y tecnologías para que las personas puedan autorregular sus emociones y mejorar la calidad de vida.
*www.heartmath.com*

GAY Y KATHLYN HENDRICKS ofrecen seminarios virtuales y en vivo sobre las habilidades fundamentales de conciencia amorosa y conciencia de vida. Una clave distintiva de su trabajo es un enfoque en la inteligencia del cuerpo, utilizando las capacidades orgánicas de respiración, movimiento y comunicación auténtica para crear una experiencia de bienestar e intimidad. www.hendricks.com

HARVILLE HENDRIX, PH.D. Y HELEN LAKELLY HUNT, PH.D. son socios creadores de la «Teoría y terapia de la relación Imago», la cual es practicada por más de mil doscientos terapeutas de Imago en treinta y siete países, y han producido diez libros, incluidos tres de éxitos de venta según el *New York Times*. Este equipo de marido y mujer de treinta y dos años recientemente fundó una organización sin fines de lucro que ofrece educación gratuita sobre las relaciones a través de los talleres Safe Conversations [Conversaciones seguras], que

pretende interrumpir el ciclo descendente de pobreza, garantizar una mejor salud y mayor seguridad económica para la familia, reducir la violencia y fortalecer las comunidades.
*www.harvinlleandhelen.com*
*www.familywellnessdallas.org/#home*

CHRISTINE HOHLBAUM es una cautivadora conferencista pública sobre las prácticas de gestión del tiempo y toda una serie de asuntos sobre el estilo de vida. En el TEDxLinz en Austria habló sobre el movimiento Slow [tardanza] basada en su publicación más reciente, *The Power of Slow: 101 Ways to Save Time in Our 24/7 World* [El poder de la tardanza: 101 formas de ahorrar tiempo en nuestro mundo 24/7]. Ella trabaja como escritora y consultora de RP en Freiburg, Alemania.
*www.powerofslow.com*

CYNTHIA JAMES es una conferencista transformacional, profesora y entrenadora cuya labor ayuda a las personas fatigadas y abrumadas por el trabajo a disfrutar de una salud duradera de la mente, el cuerpo y el espíritu. Sus técnicas de integración emocional ayudan a las personas a activar el poder de elección. El cambio de patrones de pensamiento y conductas crea un equilibrio a nivel personal y profesional. A menudo los clientes terminan más conscientes de sí mismos, seguros y con una mente clara. Perciben el poder inherente en ellos y cómo pueden lograr un impacto en el mundo.
*www.cynthiajames.net*

JERRY JAMPOLSKY, M.D. y DIANE CIRINCIONE-JAMPOLSKY, PH.D. son autores de éxito que comparten su histórico trabajo de Attitudinal Healing [Sanidad actitudinal] a través de sus libros, CDs, DVDs, medios digitales, artículos y eventos. *www.ahinternational.org*

MATT LICATA, PH.D. es un psicoterapeuta con una práctica privada en Boulder, Colorado, donde trabaja en persona y vía Skype con pacientes y clientes de todo el mundo. Él es editor de la columna *A Healing Space* [Un espacio de sanidad] y ha trabajado en el campo de las publicaciones por más de veinte años. *www.mattlicataphd.com*

LANA LOVE Y DAVID ALMEIDA dirigen un programa de radio por la Internet titulado *Universal Soul Love* [Amor del alma universal]. Ellos dicen: «*Amor del alma universal* es un proyecto humanitario comprometido a elevar la vibración consciente de la humanidad. El amor universal no es solo la expresión del amor incondicional por un individuo. Es la experiencia grupal del amor superior compartido por muchas personas. El amor universal es bondad, compasión y empatía para todos los seres vivientes. Esta vibración superior permite una mayor expansión de la conciencia y apoya el plan divino del universo». *www.universalsoullove.com* *www.bbsradio.com/universalsoullove*

FRED LUSKIN es uno de los principales investigadores y profesores sobre el tema del perdón. Autor del éxito de venta *Forgive for Good: A Proven Prescription for Health and Happiness* [Perdonar para bien: una receta probada de la salud y la felicidad]. Él es profesor de psicología clínica en el Instituto de Psicología Transpersonal y ha dirigido por veinte años el Proyecto Perdón Stanford. *www.learningtoforgive.com*

JILL MANGINO es presidenta de Circle 3 Media, un establecimiento de relaciones públicas y una agencia de consultoría mediática consciente. Ella vive con su prometido, Ray, y sus seis cachorros peludos en la New Jersey rural. *www.circle3media.com*

PEGGY McCOLL es una autora exitosa según el *New York Times* que ha escrito diez libros. Es reconocida como una experta en ayudar a los autores en la redacción de sus libros, a fin de que lleguen a ser famosos y ganen dinero haciendo lo que aman. Se le conoce como «la que hace posible el éxito de venta». *www.peggymccoll.com*

NICK ORTNER es un autor de éxitos de venta según el *New York Times* y el creador y productor ejecutivo del exitoso documental *The Tapping Solution*. También ha producido The Tapping World Summit, un evento en línea a nivel mundial en el que han participado más de cien mil personas. Ortner es un conferenciante dinámico, que presenta sesiones en vivo en todo el mundo. Él vive en Newtown, Connecticut, con su esposa, Brenna, y su hija. *www.thetappingsolution.com*

LYNN ROSE es una experta en lograr un desempeño excelente en la vida, los negocios y los eventos. Ella es vista en las cadenas CBS, NBC, FOX, entre otras, como animadora

y anfitriona de televisión, presentando a celebridades de alrededor del mundo. Como directora ejecutiva de dos empresas cuyas ganancias alcanzan las seis cifras, ella es conocida como la «salsa secreta» para los líderes de la industria debido a su conocimiento de los medios de comunicación y el entretenimiento. Ofrece un vibrante entretenimiento, servicios de presentación y entrenamientos para cientos de miles alrededor del mundo. Su clientela incluye empresas *Fortune 500*, organizaciones empresariales y eventos.
*www.lynnrose.com*

SADHVI BHAGAWATI SARASWATI, PH.D. es presidenta de la Fundación Divina Shakti, que provee educación y capacitación para mujeres y niños; secretaria general de Global Interfaith Wash Alliance; y directora de International Yoga Festival. Sadhvi es graduada de la Universidad Stanford y ha vivido en Parmarth Niketan, Rishikesh, India, por aproximadamente veinte años con su gurú, Pujya Swami Chidanand Saraswatiji, donde ofrece discursos espirituales, consejería, y entrena y supervisa una variedad de programas de caridad.
*www.sadhviji.org*

MARK SIRCUS, AC., O.M.D., D.M. (P.), es un acupuntor y doctor en medicina oriental y pastoral. Durante muchos años, el Dr. Sircus ha estado investigando la condición humana y las causas de la enfermedad; él ha condensado muchos de los diversos sistemas médicos en una nueva forma de medicina que denomina Medicina Natural Alopática.
*www.drsircus.com*

KATHERINE WOODWARD THOMAS, M.A., M.F.T., es la autora de los exitosos libros a nivel nacional *Curso en relaciones: 7 semanas para atraer al amor de tu vida* y *Separación consciente: 5 pasos para vivir felices cuando la historia llega a su fin.* Sus seminarios en vivo y virtuales han ayudado a miles de personas a encontrar y mantener el amor de su alma gemela o, como a veces es apropiado, terminar su relación romántica con amor y honor.
*www.katherinewoodwardthomas.com*

JOE VITALE es el autor de muchos libros exitosos, incluidos *The Attractor Factor, Life's Missing Instruction Manual, The Key, Faith, Attract Money Now* y *At Zero*, la secuela de su éxito de venta *Zero Limits.* Él ha creado el programa Miracles Coaching y ayuda a las personas a realizar sus sueños mediante la comprensión de los aspectos profundos de la Ley de la Atracción y la Ley de la Acción Correcta. Antes este hombre era un desamparado, pero hoy es un exitoso autor que cree en la magia y los milagros.
*www.joevitale.com*

NEALE DONALD WALSCH ha escrito extensamente sobre las relaciones y el papel del alma en nuestra vida en su serie *Conversaciones con Dios.* Varios libros adicionales expanden y explican su mensaje. Él regularmente explora estos temas más a fondo y habla personalmente con cualquiera que desee hacerlo.
*www.cwgconnect.com*

COURTNEY A. WALSH es una autora, conferencista, columnista, canal, médium, sanadora y figura de los medios de

comunicación sociales. Su declaración de amor, titulada
«Querido humano», se difundió por todo el mundo y ha sido
vista por más de diez millones de personas. Ella habla sobre
temas como la prevención del suicidio, el bienestar basado en
la integridad, la toma de conciencia en cuanto al acoso o abuso, y un fortalecimiento para todos.
*www.equeezingthestars.com*

MARIANNE WILLIAMSON es una autora espiritual y profesora internacionalmente aclamada. Seis de sus once libros
han sido éxitos de venta según el *New York Times*; cuatro de
ellos han ocupado la posición número uno. *A Return To Love*
[Un retorno al amor] es considerado lectura obligatoria en el
área de la nueva espiritualidad. El párrafo al inicio del libro
se considera un anatema para la generación contemporánea
de buscadores, el cual dice: «Nuestro temor más profundo
no es que seamos inadecuados. Nuestro temor más profundo
es que somos poderosos más allá de toda medida».
*www.marianne.com*

# Notas

1.  Bob Grant, «Male and Female Brains Wired Differently», *The Scientist*, 4 diciembre 2013, http://www.the-scientist.com/?articles. view/articleNo/38539/title/Male-and-Female-Brains-Wired-Differently/.

2.  J. K. Rempel, J. G. Holmes y M. P. Zanna, «Trust in Close Relationships», *Journal of Personality and Social Psychology* 49(1) (julio 1985), pp. 95–112.

3.  Brené Brown, «Listening to Shame», *Ted Talk*, marzo 2012, https://www.ted.com/talks/brene_brown_listening_to_shame.

4.  Descargue una versión gratis del libro, que ha sido titulado de nuevo *The Everything Book: The Essential Details About the One You Love*, en www.soulmatesecret.com/everything.

5.  K. T. Buehlman, J. M. Gottman y L. F. Katz, «How a Couple Views Their Past Predicts Their Future», *Journal of Family Psychology* 5(3–4) (marzo/junio 1992), pp. 295–318.

6.  Yanki Tauber, «What Is a Soul?», http://www.chabad.org/library/article_cdo/aid/3194/jewish/What-is-a-Soul.htm.

7. Lo siguiente está basado en la historia personal de Donna Eden y David Feinstein según se relata en su libro, *The Energies of Love: Using Energy Medicine to Keep Your Relationship Thriving* (New York: Tarcher/Penguin, 2014).

8. http://bbsradio.com/universalsoullove.

9. Emily Esfahani Smith, «Science Says Lasting Relationships Come Down to Two Basic Traits», *The Atlantic*, 9 noviembre 2014, http://www.businessinsider.com/lasting-relationships-rely-on-2-traits-2014-11.

10. Sandra Murray, et al., «Tempting Fate or Inviting Happiness? Unrealistic Idealization Prevents the Decline of Marital Satisfaction», *Psychological Science*, abril 2011, doi: 10.1177/0956797611403155.

11. Mark Banschick, «The High Failure Rate of Second and Third Marriages», *Psychology Today*, 6 febrero 2012, https://www.psychology-today.com/blog/the-intelligent-divorce/201202/the-high-failure-rate-second-and-third-marriages.

12. Entrevista con Marianne Williamson en la serie Art of Love Relationship, 2013.

13. Marianne Williamson, *Illuminata: A Return to Prayer* (New York: Riverhead, 1994), pp.158–60.

14. Foundation for Inner Peace, *A Course in Miracles* (Mill Valley, CA: Foundation for Inner Peace, 1992), p. 28.

15. Leil Lowndes, «How Neuroscience Can Help Us Find True Love», *The Wall Street Journal (Speakeasy)*, 14 febrero 2013, http://blogs.wsj.com/speakeasy/2013/02/14/how-neuroscience-can-help-us-find-true-love/.

16. D. G. Dutton y A. P. Aron, «Some Evidence for Heightened Sexual Attraction Under Conditions of High Anxiety», *Journal of Personality and Social Psychology* 30(4) (octubre 1974), pp. 510–17.

17. Arthur Aron et al. «The Experimental Generation of Interpersonal Closeness: A Procedure and Some Preliminary Findings», *Personality and Social Psychology Bulletin* 23(4) (abril 1997), pp. 363–77.

18. Mandy Len Catron, «To Fall in Love with Anyone, Do This», *New York Times*, 9 enero 2015, http://mobile.nytimes.com/2015/01/11/fashion/modern-love-to-fall-in-love-with-anyone-do-this.html?referrer&_r=1.

19. Carissa Ray, «Can 36 Questions Help You Fall Back in Love? Putting Our Marriage to the Test», *Today*, 22 enero 2015, http://www.today.com/health/can-36-questions-help-you-fall-back-love-putting-our-2D80438436.

20. Brené Brown, «The Price of Invulnerability», *TedxTalks*, 12 octubre 2010, http://tedxtalks.ted.com/video/TEDxKC-Bren-Brown-The-Price-of;search%3Atag%3A%22TEDxKC%22.

21. Mark Sircus, «The Heart Is the Vulnerability of Being», 20 junio 2012, http://www.drsircus.com/spiritual-psychology/heart-vulnerability.

22. Wayne Dyer, «Forgiveness» *Living Life Fully*, http://www.livinglifefully.com/flo/flobeforgiveness.htm.

23. Fred Luskin, «Forgive for Good», http://learningtoforgive.com/9-steps.

24. Quoted in Elizabeth Bernstein, «Small Acts, Big Love: People Who Put Their Mates' Needs First Make Themselves Happier Too», *The Wall Street Journal*, 12 febrero 2013, http://www.wsj.com/articles/SB10001424127887323696404578297942503592524.

25. Joseph Campbell y Bill Moyers, *The Power of Myth* (New York: Anchor, 1991), p. 250.

26. Health.com, «Is Love Better for Men's or Women's Health?», 3 junio 2012, *Fox News Magazine*, http://magazine.foxnews.com/food-wellness/love-better-mens-or-womens-health.

27. Katherine Woodward Thomas, *Conscious Uncoupling: A 5-Week Program to Release the Trauma of a Breakup, Reclaim Your Power & Reinvent Your Life*, http://evolvingwisdom.com/consciousuncoupling/digital-course/.

28. Rick Warren, «Why Should You Forgive?», 21 mayo 2014, http://rickwarren.org/devotional/english/why-should-you-forgive.

29. Courtney Walsh, «Dear Human», *Soul-Lit: A Journal of Spiritual Poetry*, http://soul-lit.com/poems/v4/Walsh/index.html; see also http://www.courtneyawalsh.com.

30. Hannah Hickok, «How to Fall Back in Love with Your Husband», *Redbook*, 28 octubre 2014, http://www.redbookmag.com/love-sex/ relationships/a19288/fall-back-in-love/.

31. Tara Parker-Pope, «The Generous Marriage», *New York Times*, 8 diciembre 2011, http://well.blogs.nytimes.com/2011/12/08/ is-generosity-better-than-sex/?_r=o.

# Reconocimientos

pp. 104-105:   Definición del alma de Yanki Tauber, tomada de «What Is
              a Soul?» (www.chabad.org/library/article_cdo/aid/3194/
              jewish/What-is-a-Soul.htm). Reproducida con permiso
              de Chabad.org.

pp. 110-117:   La historia personal de Donna Eden y David Feinstein
              según se narra en su libro *The Energies of Love: Using Energy
              Medicine to Keep Your Relationship Thriving*. Copyright ©
              2014 por Donna Eden y David Feinstein. Publicado por
              Tarcher/Penguin. Usada con permiso de Donna Eden y
              David Feinstein.

p. 143:   Diagrama de los puntos para la técnica del golpeteo
         tomado de www.TheTappingSolution.com. Reproducido
         con permiso de Nick Ortner.

pp. 143-145:   Frases empleadas en la técnica del golpeteo, de Nick
              Ortner, según se usan en sus talleres. Reproducidas con
              permido de Nick Ortner.

pp. 178:   «Oración para las parejas». pp. 158-60 de *Illuminata:
          A Return to Prayer*, de Marianne Williamson. Copyright

pp. 207-209:  Las treinta y seis preguntas del ejercicio de la intimidad, pp. 374-75 en Arthur Aron, et al., «The Experimental Generation of Interpersonal Closeness: A Procedure and Some Preliminary Findings», *Personality and Social Psychology Bulletin* 23(4) (abril 1997), pp. 363-77. Reproducido con permiso de publicaciones SAGE.

pp. 247-248:  «Querido humano», de Courtney A. Walsh. Publicado por primera vez en Facebook, 12 agosto 2012, por Courtney A. Walsh. Reproducido con permiso de Courtney A. Walsh.

# Acerca de la autora

Arielle Ford es una personalidad líder en el movimiento contemporáneo de la espiritualidad y el crecimiento personal. Durante los últimos veinticinco años ha estado viviendo, enseñando y promoviendo la conciencia a través de todas las formas de los medios de comunicación. Ella es una experta en relaciones, conferencista, columnista para el periódico *The Huffington Post*, y la productora y conductora de la serie *Evolving Wisdom's Art of Love Relationship*.

Arielle es una escritora talentosa y autora de diez libros, incluido el éxito de ventas internacional *El secreto del amor: descubre el poder de la ley de atracción y encuentra el amor de tu vida*. Ha sido llamada «El cupido de la conciencia» y «El hada madrina del amor».

Ella vive en La Jolla, California, con su esposo y alma gemela, Brian Hilliard, y sus amigos felinos. Visite su página en www.arielleford.com